IL LIBRICINO DELLA FELICITÀ
COME LIBERARSI DALLE ZAVORRE E RAGGIUNGERE I PROPRI OBIETTIVI

di Maria Beatrice Alonzi

Copyright © 2019 Maria Beatrice Alonzi

Le illustrazioni e la grafica di copertina sono a cura di

Maria Beatrice Alonzi

Le illustrazioni contenute nel libro per l'Edizione Speciale 2020 sono di Elisabetta Bronzino (Minoma)

Tutti i diritti riservati.

*A te, che credi sia tutto perduto o tutto già scritto
e, nonostante questo, sei pronto a cambiare.*

SOMMARIO

Dell'introdursi 1

Dell'avvertirsi 5

Del presentarsi: ciao, io sono Maria Beatrice! 9

Del ieri e del domani: il futuro e il passato esistono? 13

Del viaggio 23

Delle emozioni 29

Del controllo 41

Degli altri e di noi stessi: a che gioco giochiamo. 53

Della coppia 65

Degli alti e bassi 77

Del lasciarsi 81

Del desiderio di piacere 95

Del realizzare l'impossibile 105

Delle possibilità 111

Del senso di colpa 119

Della paura 133

Della tempesta che verrà 139

Dell'importanza del respiro 147

Del ringraziare 153

DELL'INTRODURSI

Ciao, benvenuto, o benvenuta!

Le introduzioni non fanno per noi, fanno perdere tempo e venire sonno, lo so. Ma servono per dirci due cose, io e te.

Il tuo sogno io non lo conosco ancora ma tirando ad indovinare immagino potrebbe essere un po' di pace, serenità, felicità e la reale possibilità di inseguire desideri e obiettivi, giusto?

Se sei capitato (o capitata) tra queste pagine, probabilmente sei il tipo di persona che prova continuamente a spiegare chi sei, a raccontare chi sei, a giustificare chi sei e tutto quello che fai. Potresti essere proprio quel tipo di persona estremamente attenta al giudizio degli altri, perennemente all'erta, che colleziona buone scuse e frasi concilianti per ogni occasione. Per farsi trovare pronta e rispondere agli sguardi, alle domande, alle insinuazioni. Hai sempre sotto controllo l'opinione degli altri.

Gli altri chi? Gli altri tutti.

Dai passanti che ti lanciano sguardi inaspettati, ai tuoi genitori, amici, parenti che ti vorrebbero diverso (o diversa) da quello che sei, alla gente su internet dalla quale ti senti giudicato. Tutti vogliono qualcosa da te e questo ti mette in agitazione. Quante volte quello che pensano gli altri equivale a ciò che pensi tu? Quasi mai. Esatto.

Il tuo sforzo sovrumano, costante, è questo: spiegarti continuamente. Spiegare che non sei così, che non è andata in quel modo, che non hanno capito, che quando hai detto A intendevi proprio A e non B, che quel giorno non era una buona giornata, che sei diverso (o diversa) da come sembri. E non ci riesci. Non ne hai la forza, il tempo, il modo. Non puoi controllare ogni cosa. E sei esausto (o esausta). Perché lo fai?

Questa domanda, lo so, te la sei già posta. Di notte, quando stai male, ti sanguina il cuore e senti un macigno sul petto. Di giorno, al lavoro, a scuola, quando credi che il problema sia che gli altri non capiscono, al telefono con tua mamma, con tuo padre, quando lacrime di rabbia e frustrazione premono per uscire e bagnarti la faccia.
Te la dai una risposta? Questa magari: "Perché mi infastidisce che pensino qualcosa di sbagliato su di me". Che non è una risposta. È come dire "perché mi piace" a qualcuno che ti dovesse chiedere perché ti piace la pasta.

Ma se a *fastidio* sostituissimo *paura*? Credo sarebbe una definizione più vicina alla realtà. E se usassimo la parola *male* al posto della parola *sbagliato*?

"Perché ho paura che pensino qualcosa di male su di me".

Molto meglio adesso. Paura e male sono parole *esatte* ed è proprio di questo che stiamo parlando. Hai *paura* che gli altri pensino *male* di te e quindi senti che sia tuo dovere raccontare continuamente quali sono le tue idee e perché quello che dicono non è vero, senti davvero che tu possa spiegargli come stanno realmente le cose. Tendi costantemente a raccontare la *tua* verità. Credi che sia un tuo *dovere*, qualcosa che puoi realizzare e che dipende da te e da nessun altro.

NON È UN TUO DOVERE.

Non è un tuo dovere. Non puoi farcela. Non dipende da te.

<u>Non sei destinato alla sconfitta, stai soltanto combattendo la guerra sbagliata.</u>

Sei un soldato che si è trincerato inutilmente al fronte. Non sono gli altri a non capire, sei tu ad essere fatto di tante cose, anche quelle che vedono gli altri e tu non riesci a vedere. Senti qua: sei seduto a cena, l'amico di fronte a te ti dice che ti è rimasto qualcosa all'angolo della bocca, allora tu, in forte imbarazzo, corri in bagno per rimuoverlo ma, davanti allo specchio, cerchi di toglierlo proprio dallo specchio e non dalla tua faccia. Ovviamente non ci riesci e dai la colpa al tuo amico che ti ha fatto notare qualcosa che non dipende da te, *che insensibile*, giusto? Non puoi farcela perché gli altri non cambieranno idea soltanto perché gli ripeterai chi sei all'infinito.

Non dipende da te perché <u>la tua vita non è quella degli altri, le loro opinioni non sono le tue, le loro idee non ti appartengono e le tue scelte non devono essere approvate.</u>

Ogni volta che provi a convincere qualcuno, in realtà non stai avendo una conversazione, non stai ascoltando e non vieni ascoltato: ti stai lasciando ferire, stai provando a sopravvivere al dolore, *stai cercando soltanto di esistere*. E ti sembra di non poterlo fare se qualcun altro afferma che tu sei diverso da ciò che senti di essere. Ma così facendo, stai consegnando ad altri la prova della tua esistenza, cerchi nel giudizio altrui la conferma di ciò che sei. Assurdo, vero?

TU, NON DEVI DIMOSTRARE NIENTE A NESSUNO.

Non dovrai farlo né tagliandoti i capelli, né perdendo tre o trenta chili, né sposandoti, mettendo al mondo un figlio o smettendo di esserlo, né guadagnando di più. Quello che gli altri dicono o non dicono e pensano di te deve smettere di farti male. E solo tu puoi renderlo possibile. Come? Proveremo a vederlo insieme nelle prossime pagine, se avrai voglia di seguirmi in questo viaggio. Un'ultima cosa prima di cominciare. Se credi di essere qui perché hai un problema, se pensi di dover leggere queste pagine perché sei fragile, se senti di doverti vergognare perché non riesci a cavartela da solo o da sola, sappi invece che sei qui soltanto perché sei una persona coraggiosa.

CORAGGIOSA.

Molto più di quanto tu possa immaginare **e al diavolo quello che dicono gli altri.**

DELL'AVVERTIRSI

Questo non è un libro di magia.
Queste pagine non contengono incantesimi, formule magiche né trucchi da stregoni. Fossi una maga probabilmente sarei in giro a vendere pozioni, trasformare l'acqua in champagne e altre cose del genere. Di sicuro c'è che non mi sarei messa a scrivere un libro (oppure se fossi magica davvero avrei scritto Harry Potter e non *Il Libricino della Felicità*).

Leggerlo non ti cambierà la vita in un battibaleno, non andrai a dormire per poi risvegliarti una persona diversa, non diventerai istantaneamente più felice, sicuro, estroversa, serena, ricco, disinvolta.

Te l'ho detto, ma nel dubbio te lo ripeto, non sono una strega (anche se sono sempre stata convinta del fatto che la mia lettera per Hogwarts si sia solo persa da qualche parte).

Cambiare significa perdere.
Perdere se stessi, le proprie convinzioni, le proprie comodità, perdere tutto quello che hai avuto e possiedi (o credi di possedere) perché hai tanti ostacoli e tanti muri intorno a te ma questi muri ti hanno tenuto al sicuro; in un posto magari costringente, ma sicuro.
E perdere ogni cosa è una scelta.
Una scelta che non posso fare io per te, per quanto mi piacerebbe.

Non devi più credere di poter o dover affidare agli altri la tua vita, non dovrai affidarla alle mie parole.

Guarderemo alla realtà, questo sì, e lo faremo insieme, da una prospettiva nuova, diversa.

Questo libro, lo stai leggendo oggi, lo stai leggendo ora perché è ora che vuoi cambiare.

Cambiare toccherà a te, però. Con tutto ciò che comporta.

Voglio liberarmi dalle complicazioni inutili.
Voglio smetterla di preoccuparmi per tutto, per tutti. Voglio smettere di sentirmi in colpa.
Voglio smettere di auto-sabotarmi.
Voglio diventare più ricco, più centrato, più felice.
È questo quello che vuoi?

Allora, *my friend*, sei nel posto giusto.

Facciamo un esempio, *shall we?*
Mettiamo che tu voglia diventare un libraio o un barista. Lo so, sono due mestieri a caso ma dammi un attimo per spiegarmi. Mettiamo che tu voglia diventare un libraio: le probabilità di diventare un libraio aumenterebbero esponenzialmente se tu entrassi in una libreria e chiedessi se stanno cercando del personale; le probabilità di diventare barista, altresì, si moltiplicherebbero di certo se entrassi in un bar a chiedere se hanno bisogno di qualcuno come te, con l'esperienza tanta o poca che possiedi. Tu, giuro: sai ciò che vuoi. Credi di no, lo so. Ma lo sai.

Quando dici a te stesso di non saperlo è perché non ti fidi di te.

Ci sono corde che ti tengono legato al suolo, corde fatte delle tue insicurezze. Ora devi capire come fare a liberarti di tutte loro (quelle che non ti fanno entrare nella nostra fantomatica gastro-libreria) e procedere. *Si tratta solo di chiedere, in fondo.* Lo so, ti sento: "Ma io non so se voglio fare il libraio…" E sento anche: "E se poi non dovessi riuscire? Se non fosse la mia strada? Se poi venissi a scoprire o arrivassi a capire che la mia vocazione era un'altra? Che avrei potuto essere più felice con un altro lavoro, con un'altra persona?"

Già. L'incerto. La paura.
L'inadeguatezza.

Non vuoi sentirti come ti senti ora, non vuoi più stare nella situazione nella quale ti trovi, non vuoi più che qualcuno ti dica cosa fare oppure senti di stare sprecando il tuo tempo, la tua vita, non vuoi il lavoro che fai o la scuola che frequenti o le persone che incontri. Non vuoi ciò che hai.

Osservi due possibilità: valuti e immagini ciò che potrebbe succedere nel primo caso, poi analizzi la seconda opportunità e alla fine non sai cosa scegliere e così via per ogni incrocio della vita. Destra? Sinistra? *Mi fermo?* Ti dici che non è facile prendersi del tempo, sedersi e analizzare cosa si vuole veramente.

È molto più semplice trovare una scusa qualsiasi dietro la quale nascondersi?

UNA BUONA IDEA PER OTTENERE CIÒ CHE SI VUOLE, È SAPERE CIÒ CHE SI VUOLE.

Troppe responsabilità, troppe possibilità di sbagliare, la paura del giudizio altrui, le persone che non vuoi deludere, le cose da fare.
Tutte cose che quasi ti impediscono di respirare. Ma noi siamo qui per questo: per imparare a respirare. Attraverso il successo, i traguardi, la gioia, il dolore, il peso, il senso di colpa, il destino.

Arriverà un momento di questo libro nel quale ti chiederò di salutare una persona, quando arriverà quel momento saprai che le cose dovranno cambiare davvero. Ti chiedo di seguirmi con fiducia fino a quel momento e deciderai lì se andare avanti o meno. Se lo farai, potrò insegnarti a capire, ad accettare, a raggiungere ciò che vuoi, per sempre.

Senza nessuna paura.

DEL PRESENTARSI: CIAO, IO SONO MARIA BEATRICE!

Sono contenta che tu sia arrivato (o arrivata) fino a qui, grazie! Dopo delle necessarie premesse siamo giunti alla parte più imbarazzante e divertente di tutto il libro: le presentazioni. Certo, perché prima di intraprendere un viaggio - sia questo puramente metaforico come nel nostro caso - è sempre meglio conoscere i propri compagni d'avventura. Ancora di più se questi sono la tua guida.

Ciao, è un piacere conoscerti!
Io sono Maria Beatrice e quando qualcuno mi chiama Maria penso sempre che non stia parlando con me. Però in molti lo fanno... Allora io, per uscire dall'*impasse*, la prima cosa che dico è "Ma chiamami pure Bea!". Ciao! Io sono Bea, e sono davvero felice di fare la tua conoscenza. Nella vita ho scelto di occuparmi di come funzionano le cose. Fino in fondo, si può dire. A quattro anni ho cominciato a programmare con il computer e contemporaneamente a recitare. Poi ho affrontato le solite cose: un percorso accademico, la laurea, il lavoro, l'imprenditoria e arriviamo al momento in cui stai leggendo questo libro.

Oggi una delle mie principali occupazioni è quella di aiutare le persone a trovare il modo di affrontare le loro paure per raggiungere i propri obiettivi. Questo lo faccio in tanti modi: come consulente, come coach, creando strategie e così via. Ci sono tanti modi per riuscirci. Allora io analizzo, studio, provo a capire, mi immedesimo, mi concentro e cerco di avere quella che in gergo si chiama *visione*.

Un termine tecnico che non ha nulla a che vedere con il cadere in *trance*, vedere cose che non esistono, parlare agli spiriti, connettersi con l'altro mondo e cose del genere. Anzi, quello che vedo io appartiene alla realtà, la realtà più reale che ci sia: *quella da costruire* ma che è già davanti a me. Una realtà ancora nascosta all'orizzonte, potremmo dire: spogliata degli orpelli del giudizio o dell'auto-giudizio, scomposta dalla paranoia, dalla paura, dalle criticità, dalle resistenze.

Il *come dovrebbero essere le cose*.

Il cuore del business che sto analizzando, l'essenza della persona (o dell'azienda o del progetto) che ho di fronte. Ti do un'immagine: il mare. Lo osservi, vedi il dondolio delle onde, lo ascolti, poi la prospettiva si schiaccia all'orizzonte: il mare è lì, lo cogli nel suo insieme e pensi *ho capito il mare*. Beato te. Ma perché è così importante capire? A cosa serve? Serve a sviluppare una strategia. Quando mi trovo a svolgere il mio lavoro e ho di fronte a me qualcuno che vuole capire come raggiungere ciò che desidera nella vita e nel lavoro, qualcuno che vuole raggiungere determinati obiettivi, è di primaria importanza che io riesca a vedere l'orizzonte: è fondamentale avere la *visione* del punto in cui si può davvero arrivare.

E non c'è limite all'orizzonte.

Quando immagino la destinazione posso guidare durante il viaggio. **Io so dove andare**. Questa è la strategia. E non ce n'è mai una uguale a un'altra. Potrebbe trattarsi di una strategia di marketing: posizionare un marchio o un prodotto, venderlo. A volte è una strategia d'uscita. Per farti uscire dallo stallo che i tuoi stessi pensieri ti creano.

A volte è una strategia di consapevolezza. Per darti la misura di chi tu sia, a prescindere da tutto il vociare, a prescindere dal terrore che hai di sbagliare o di sbagliare ancora o di un futuro tremendo che sei sicura (o sicuro) accadrà. E siccome le mie consulenze si svolgono *ad personam*, volevo un modo per accontentare un sacco di gente in più e provare a dare una mano, nel mio piccolo, a un sacco di gente in più.

Ecco perché sto scrivendo questo libro.

Si può tranquillamente dire che dai quattro anni in poi io non abbia mai scelto da che parte stare (se da quella tecnologica o da quella artistica) e abbia seguito tutti e due i versanti. Alle volte ho anche combinato questi due aspetti della mia carriera e del mio cammino.

È stato difficile?
Non tanto quanto è stato doloroso.

Perché doloroso?
Perché mi sono trovata a deludere (o a credere di farlo) un sacco di persone.

E affrontare le aspettative degli altri è molto più difficile che affrontare se stessi, vero?

Allora cominciamo, così che io possa dirti come fare a smettere di sentirti dentro una pressa a motore, in una stanza dove tutte le pareti dei giudizi tuoi e degli altri ti stanno venendo incontro e tu ti senti di soffocare.

Siamo qui tu e io e basta, ora fermo la pressa a motore e cominciamo.

DEL IERI E DEL DOMANI: IL FUTURO E IL PASSATO ESISTONO?

Partiamo da un argomento semplice: passato e futuro.

Due concetti che fanno parte delle nostre prime conquiste, fin da bambini impariamo che il passato è ciò che è già successo e il futuro ciò che accadrà. Sono due condizioni del tempo e dello spazio che impariamo a conoscere fin da subito. Tutto piuttosto semplice.
Passato e futuro esistono, uno è stato fino ad un attimo fa (e ci ha cambiati) e uno arriva subito dopo il momento presente e, altrettanto, ci condiziona quando dobbiamo affrontare delle scelte. Senza ombra di dubbio, vero?
Pessima convinzione e per di più falsa.

Passato e futuro non esistono.

Certo, hai un passato e nessuno mette in dubbio che tu abbia anche dei piani per il futuro, come tutti gli altri.
Hai ragione, è vero.
Ma se tu ci pensassi meglio ti accorgeresti di come quello che consideri passato, l'enorme mole di esperienze che ti ha portato fino a qui, altro non è che il *tuo ricordo*.

Proviamo a riflettere insieme se l'avere dei ricordi e il progettare delle scelte basti a far *esistere* il passato e il futuro.

Se pensi al passato ti salta subito in mente l'incredibile quantità di esperienze, tutto ciò che hai vissuto, tutto quello che ti ha portato a essere la persona che sei oggi.
Ma non vedi più tutte quelle cose davanti a te, ne hai soltanto il ricordo.

Il ricordo e nient'altro, vero?

Questi ricordi, però, non sono il tuo passato.

Anche perché, pensaci bene, finché non li riporti alla mente i tuoi ricordi neppure esistono. Il passato è l'insieme dei tuoi ricordi che esistono soltanto quando tu sei lì a riportarli, in un certo senso, *in vita*.

Lascia che mi spieghi meglio, facciamo così:
se scrivo la parola *mela* probabilmente penserai immediatamente ad una mela.

Nel tuo cervello si formerà un'immagine, più o meno definita, di una mela.
Ma a quale mela penserai?

Questa immagine si formerà sovrapponendo centinaia di mele che hai visto, sia dal vivo, sia in foto, sia, magari, dipinte.
La tua mela è l'insieme di tutte le mele di cui hai memoria, qualunque forma esse abbiano assunto.

Quella mela è non è una mela, ma è tante mele: frutto dei tuoi ricordi.
Riflettiamo allora su due aspetti.

Innanzitutto: prima che io scrivessi la parola *mela*, stavi forse pensando a una mela? Io non credo.
Ma allora quella mela, la mela che hai immaginato, esiste oppure no?
No. **Ma è mai esistita?**

Forse, in qualche forma e da qualche parte, ma non sarà certamente identica a quella che hai visualizzato.

Anche se avessi, per puro caso, mangiato una mela poco prima di iniziare a leggere questo capitolo è impossibile pensare di immaginare **esattamente** quella mela, solo quella, nella sua totalità e nella sua interezza.

Resterà sempre l'immagine di una mela che nient'altro è che tante mele.

Perché nella tua mente e nella tua memoria non c'è LA *mela*, non può esserci, per esempio, contemporaneamente, una visuale da ogni angolo, che comprenda buccia, polpa e semi, colore, odore e sapore.

Tutto ciò che hai è l'insieme delle migliaia di mele con le quali hai interagito fino a oggi. E funziona così per ogni cosa.

Avremmo potuto provare con qualsiasi altra parola: *mare, casa, sedia, dolore, abbraccio, papà* e qualsiasi altro oggetto tangibile o emozione, che esiste, che hai toccato, mangiato, ascoltato, sentito.

Perché è così che funzionano la tua memoria, la tua mente e i tuoi ricordi: vi è una visione parziale che non è mai uguale a quella che consideriamo *realtà*.

Infatti se adesso tu provassi a immaginare nuovamente una mela, difficilmente vedresti la stessa mela, assaporeresti lo stesso sapore, avresti percezione dello stesso odore di una mela mangiata chissà quando.
Se riprovassi domani, dopodomani, tra una settimana, tra un mese, tra un anno vedresti ogni volta una mela diversa.
Perché è così che funziona: tutto cambia in base al giorno, all'ora, al secondo esatto in cui peschi tra i ricordi.

<u>Il passato non esiste, se non nella nostra memoria e la memoria è l'unica forma di passato che possiamo considerare reale.</u>

Il ricordo richiama nel presente qualcosa che non è più qui e non è più adesso. Non nella sua forma originale, che però vive, rivive, nel cuore come esperienza diretta, concreta.

<u>Così si diventa vittime della nostalgia,</u> quando un ricordo riempie il cuore completamente senza lasciare alcuno spazio al presente.

Quella mela non esiste per davvero.
Quella mela è soltanto il frutto della conoscenza filtrata attraverso la tua esperienza.

E se quella mela fosse esistita per davvero?

Non voglio mettere in dubbio le tue capacità di ripescare nel passato. Magari la mela che immagini è esattamente una mela che è esistita fino a qualche giorno, mese o anno fa.

E adesso?

Molto probabile che quella mela sia stata mangiata. Potresti addirittura essere stato tu a mangiarla. Forse invece l'hai dimenticata nel frigo oppure è caduta dall'albero ed è rimasta tra le foglie secche. Se non è stata mangiata è diventata polvere, in ogni caso si è trasformata in altro e non è più quella mela.

Se ti chiedessi ancora di pensare alla mela tu la vedresti. Per te non sarebbe altro che quella mela, così come l'hai conosciuta, non la mela rovinata, non la mela masticata. Tu la vedi per quello che era prima di tutto questo, **per te esiste ancora.**

Ma dov'è? **Nel passato**, quella mela è lì.

Allora possiamo definire il passato come **un luogo in cui tutte le cose restano immobili**, fermo immagini parziali di un momento, di uno stato o di una condizione che non esiste più.
Che non può più esistere, che è cambiato, mutato, proprio perché *passato*.
E a questo passato, ricorda, **puoi attribuire il valore che vuoi.**

Quella mela potrà essere la più buona che tu abbia mai mangiato, la peggiore in assoluto, una delle tante.

Quella mela potrà essere qualunque mela tu voglia. Incredibile, vero?

RICORDARE: DAL LATINO RE-CORDARI (DA COR, CORDIS): RIPORTARE AL CUORE.

E se allora questa famosissima mela non esiste, o più semplicemente non esiste più, anche le tue esperienze non esistono, o non esistono più. Ci sono state, ti hanno formato, ma non sono più con te. Non in questo momento.
Tornano a vivere solo nell'istante in cui ci pensi: **se ci pensi esistono, se non ci pensi non esistono più.**

Pensarci permette loro di tornare nel presente, **pensarci concede loro una forza incredibile.**
Sei tu a dargliela.

All'interno dei ricordi però, si nascondono ferite, delusioni e fallimenti.
E nasce così la convinzione che, se in passato hai sofferto o fallito, nel presente non potrai vivere come dovresti. Quello sbaglio che ti ha cambiato, quell'errore che ti ha ferita, quella persona che non sei più, chi *dovresti* essere… Giusto? Quanta potenza può avere il passato.

In un secondo alla domanda "La mela esiste?" tu avresti risposto con un sonoro "Certo che sì!" E avresti sbagliato. Pensa quindi cosa possa fare la tua mente ai tuoi desideri, ai tuoi sogni, ai tuoi obiettivi. Che connotazione falsata possa dargli. A tutti i ricordi. A tutto il passato.

Il passato non esiste. Non esiste più.

Facciamo un salto in avanti. Lasciamo i luoghi del passato per approdare in quelli delle cose che non sono *ancora* accadute. Come i fantasmi di *Canto di Natale* di Dickens (la mia preferita è la versione dei Muppets), però in questa nostra storia saremo noi a far loro visita e non viceversa. Non c'è bisogno che ti ponga la stessa domanda riguardo il futuro, vero? Già sai cosa voglio dirti.

Il futuro non esiste.

Sento che non ti rassegni all'idea: lo so, siamo nati e cresciuti con concetti stabili grazie ai quali costruire la nostra vita. Sembrerebbe un suicidio dover rinunciare a due certezze come passato e futuro. Ma ti assicuro che è necessario rimettere tutto in discussione per cambiare punto di vista. Abbiamo dimostrato che il passato non esiste, passiamo ora a dimostrare che anche il futuro *non è che si senta proprio bene* e avremo fatto un bel passo verso il liberarti da zavorre inutili, stancanti e dolorose. Sostieni che il futuro esista perché sai che domani andrai a lavoro, che dovrai fare la spesa, che pioverà, che sarà domenica, vero?

Mi dispiace deluderti, ma per quanto tu possa essere sensibile, intelligente, preparato e attento **non saprai mai davvero cosa accadrà finché il futuro non diverrà presente e le cose accadranno sul serio.**

Andrai a lavoro, ma potresti arrivare in ritardo, il tuo capo potrebbe lasciarti un insperato giorno libero, potresti ricevere una promozione. Nel banco verdura potrebbe non esserci l'insalata che avevi programmato di comprare. Il sole potrebbe decidere di riprendersi il cielo e addio pioggia. Sarà domenica, ma magari non la trascorrerai sul divano e avrai un'improvvisa voglia di andare a correre: in fondo doveva piovere, e invece guarda che sole! Se un evento è avvenuto nel passato non c'è alcuna certezza che questo si verificherà di nuovo. Parliamo della tua vita **NON** di un esperimento scientifico. Possiamo giocare con le probabilità e la statistica, analizzare le condizioni, dire che se nulla è cambiato è molto probabile che una cosa che è già avvenuta si ripeterà. Ma non ne abbiamo la certezza.

<u>**Le tue sono supposizioni, non verità.**</u>

Se quando parliamo del futuro non stiamo pescando nella verità, ma nel cesto della fantasia, perché lasciamo che questo ci condizioni tanto da bloccarci, paralizzarci?

Abbiamo così tanta paura di una semplice fantasia.

So che non è facile ma questo è il primo e più importante passaggio. Bisogna cambiare prospettiva sulle cose, guardarle per quello che sono veramente e dare loro il giusto nome.

Non passato, ma ricordo. Non futuro, ma fantasia.

E così le cose iniziano a fare meno paura, non è vero? Accettare che passato e futuro non esistono potrebbe sconvolgerti la vita ma nel bene o nel male? Se il passato non esiste, non ha senso lasciare che dei semplici ricordi influenzabili, parziali, vulnerabili, cangianti, ci facciano del male e ci rovinino il presente, giusto?

Se il futuro non esiste non dovremmo più avere paura di una fantasia, che ha tante probabilità di avverarsi come no, vero?

Il fatto di aver già vissuto qualcosa non la rende nuovamente reale.

Ora resta da capire come fare a vivere il presente con questa rinnovata spinta, giusto? Perfetto, proseguiamo nel prossimo capitolo e cerchiamo di scoprire insieme cosa ci impedisce di vivere pienamente il presente, andiamo.

DEL VIAGGIO

Restare fermo non ti aiuterà. Chiudi gli occhi, respira e fai il primo passo. Cammina, un passo alla volta, ma non fermarti. Qualunque cosa dovesse accadere.

Ogni volta che ti dici "Non ce la faccio", stai alimentando la paura. La paura nutre i sensi di colpa. I sensi di colpa ti controllano. E se perdi il controllo non sei più tu a vivere. Hai già trovato mille e una scusa per non muoverti. Hai assicurato a te stesso che non hai ancora tutto quello che serve per iniziare, che lo farai non appena potrai, che devi recuperare le basi, che non hai studiato abbastanza, che non hai ancora i soldi, che non è il posto giusto, che di tempo adesso non ne hai e che sarebbe troppo faticoso.

Ma non ti accorgi che la strada più faticosa è proprio quella che hai imboccato. Una strada che non va da nessuna parte, che torna sempre dove è iniziata, sulla quale camminare è uguale a restare immobili. Questa è la strada di chi asseconda la paura, di chi torna a letto a dormire sconfitta (o sconfitto) perché non ha ancora percorso il primo centimetro.

Facciamo che davanti a te ci sia solo un metro, non mille.

Quella è la distanza fra te e la vita che vuoi, tra te e la persona che vuoi essere. Solo un metro ti separa dai tuoi desideri, dal lavoro dei tuoi sogni… da tutti i tuoi sogni! Dal realizzare ogni cosa. E credimi, questo metro sarà difficile, oh se lo sarà, faticoso, stancante. Nessuno dirà mai che sarà facile, di certo io non lo dirò.

<u>Perché per ottenere tutto ciò che si vuole è necessario mettere a disposizione tutto ciò che si ha.</u>

Questo è l'unico modo al mondo: ottenere investendo ogni risorsa. Se stessi al 100%, senza sconti di nessun tipo. Non ci sono offerte speciali sul successo. Niente Black Friday, niente 3x2, niente sconto soci. Nulla. Solo tu, la tua vita, i tuoi sogni e il tuo impegno. Questo per raggiungere il successo.

E sai cos'è il successo? Essere gentili. Essere felici. Non è vero che non sai cosa vuoi, non è vero che non hai quello che ti serve, non è vero che non sei abbastanza o non hai avuto abbastanza fortuna. Non è vero che non è il momento giusto, non è vero che non hai tempo, non è vero che è troppo faticoso. L'unico limite che c'è fra te e il secondo centimetro è la tua paura. E tu saprai sconfiggerla. La tua paura, in questo momento, sei tu.

Tu sei il tuo unico limite.

Travestito da giudizio, travestita da saggezza, travestita da insicurezza, travestito da conoscenza, travestita da riflessione. Hai messo davanti a te le tue emozioni, hai lasciato che ti guidassero, ma tu non sei solo quello che provi. La voce che ti sussurra che sarebbe più sicuro aspettare ancora un po', quella che ti ripete "Attenzione, fai attenzione", quella che ti indica una ad una tutte le cose che potrebbero andare storte. Quelle voci non sono la tua voce.

Sei spaventata (o spaventato), ma è solo un momento, *questo momento*, ma non sai come sarà subito dopo, e proprio per questo non puoi fermarti. Non sai se l'acqua sarà davvero fredda, se superata la prossima curva la strada sarà deserta. Non lo sai e non puoi lasciarti fermare. Salta o cammina, qualunque sia la tua strada. Comincia. Non c'è altro che tu oggi debba fare: comincia. Il primo centimetro l'hai già fatto, senza neanche rendertene conto, e non ti fermerà più niente e nessuno. Il centimetro diverrà metro e arriverai proprio lì dove volevi.

Un passo alla volta, respirando, guardando il cielo di fronte a te e l'orizzonte. Fallo, ogni giorno, cammina, segui la strada per essere felice. Io sarò lì per dirti che "Vedi? Non c'era molto da cambiare dentro di te, ma tanto del quale prendersi cura: le tue ferite". Per farlo devi soltanto camminare. Camminare, ancora e ancora.

Ma per arrivare dove? Mi chiedi.

Camminare è un movimento e se ci si mette in moto è soltanto per raggiungere qualcosa, giusto? Camminare è un altro modo per dimostrare, a se stessi e agli altri, che stai andando da qualche parte. Tutto quello che è passato, ogni tuo ricordo, ogni lacrima o ferita, ogni cosa ti ha trasformato nella persona che sei.

PER SMETTERLA DI SENTIRTI SBAGLIATO, NON DEVI CAMBIARE, DEVI CAMMINARE.

Tutto ciò che hai vissuto è tessuto nelle fibre del tuo essere, come toppe su un vestito che ogni giorno cambia, muta e si trasforma. Ogni scelta presa, ogni mare solcato, ogni passo fatto in ogni direzione. Tutto questo è sul tuo corpo, nella tua mente, potresti vederlo e toccarlo se non si fosse fuso, confuso e mischiato. E, nonostante questo, tu ti trovi ancora a voler arrivare. Non desideri il viaggio, la scoperta, la felicità. Vuoi solo l'arrivo, come se la destinazione cambiasse le cose.

Raggiungere il denaro oppure arrivare alla persona che ti renderà finalmente felice, al lavoro dei tuoi sogni, agli amici giusti, ai vestiti giusti, alla casa giusta. Arrivare per colmare ciò che manca. Anche a forza di riempire il vuoto di acqua salata. Sei stanco o stanca perché camminare ha sempre significato andare a mille, per tutti e per tutto. Pur di fare hai tirato la corda, spezzato il fiato e le ginocchia hanno ceduto. Ecco perché ti sei fermato o fermata. Perché non ce la fai più.
Stanca di non essere vista o ascoltata.
Stanco di non essere mai considerato un uomo. Stanca di non venir presa in considerazione.
Stanco di dare tutto quello che hai.

Per questo vuoi arrivare, perché ti pare di non essere mai arrivato da nessuna parte. Perché se ti hanno abbandonato, se ti hanno licenziata, se ti hanno tradito, se ti hanno ferita, se ti hanno deluso, se ti hanno trattato male, con sufficienza, se ti hanno data per scontata, per tante di quelle volte, per tutta una vita, allora vuol dire che tu non sei mai arrivato (o arrivata) da nessuna parte. *Questo è quello che credi, ma ti sbagli.*

Tu vuoi arrivare ma dovresti solo partire.

Tu sei già arrivato, anche se non hai visto i cartelli d'arrivo. Perché si arriva soltanto per ripartire ancora. Non c'è nessun punto da raggiungere, nessuna meta definitiva, nessun traguardo da tagliare. Camminare non è un dove, ma un perché. Bisogna partire, rimettersi in viaggio, continuare a camminare. Qualunque cosa accada. Ma come? Senza avere la minima idea di dove andrai, di cosa farai e di come farai.
Ma perché? Perché le tue mani reggeranno il tirare del vento nelle corde delle tue vele. Parti e sentiti perso, sentiti scomoda. Abbi paura, vivila, affrontala. Perché **non è vero coraggio se non si ha paura** e nessun viaggio che sia mai valso la pena ha mai avuto una buona organizzazione.

La tua vita, quella è l'esperienza più unica che ci sia al mondo. Inimitabile. Irripetibile. Nessuno potrà mai vivere questo viaggio al posto tuo. E allora parti, vai. Senza chiederti dove vuoi arrivare, ma vai ovunque la tua barca resti anche solo a galla. Affronta il mare, supera la tempesta, osserva la tua barca resistere agli urti. Perché allora tu saprai, nel mare d'incertezza che hai attorno, di aver scelto.

VAI OVUNQUE LA TUA BARCA STIA A GALLA.

DELLE EMOZIONI

Hai presente quelle giornate che non fai neppure in tempo ad aprire gli occhi e già hai capito che sarà una pessima giornata? Non importa quale giorno della settimana sia. Se è un giorno di riposo il problema sarà non sprecare tempo. Se è un giorno di lavoro il problema sarà non fare una piazzata immotivata davanti a tutti. Proprio l'idea di poterti e, perché no, doverti riposare ti metterebbe ansia (che parola ingombrante e scomoda). Sprecare il tempo: sia mai, vero? A lavoro invece ci sono le persone e dovrai averci a che fare e tu non sei pronto (o pronta). Non hai ancora neppure fatto colazione.

La testa è già abbastanza piena di preoccupazioni, non c'è spazio per altro. Lo sai già che arriverà il confronto con qualcun altro prima o poi: e dovrai rispondere a domande come queste:

"Ma perché ti lamenti sempre?", "Perché rispondi sempre male?"

Per non parlare dell'affermazione preferita di tutti: "Dai che non è niente, vedrai che passerà!"

Perché, di solito, tutto ciò che accade agli altri è un *disastro* e ciò che accade a te *non è niente*. Giusto?

E nonostante secondo tutti *non è niente, la tua* ansia non scema, tu sei ancora lì immobile e la sola idea di deludere qualcuno è ancora più grave che deludere te stesso. Questa è una di quelle giornate in cui il solo fatto di essere vivo, respirare o alzarti dal letto, è un atto eroico. Di un eroismo che nessuno può vedere. Non essere scoppiata a piangere davanti al commesso è un gesto di coraggio senza paragoni.

Sei un eroe (o un'eroina) anche se nessuno lo sa.

Oggi è una giornata orrenda e tu continui a pensare di essere una persona orrenda. *Un pensiero fisso che non si stacca dalla mente.*

Osserva: sei qui, sei ancora qui, oggi è una giornata orrenda, hai ragione ma va bene così. Oggi è una giornata orrenda ma tu non sei questa giornata.

Non è affatto necessario giudicarsi in questo modo.

È solo una brutta giornata. Una brutta settimana. Un brutto mese. Un brutto anno. Potresti avere anche i prossimi cinque anni orribili ma questo non ti renderebbe una persona brutta o sbagliata, non ti identifica come tale.

Niente può identificarti come persona.

Le cose possono andare male finché non andranno bene. E sarà solo merito tuo quando le cose si metteranno a posto.

Perché, credimi, si metteranno a posto.

Se sei triste o arrabbiata, se senti il morale sotto i piedi, se hai le guance rosse di vergogna, se le gambe ti tremano dalla paura non sei né pazzo, né fifona. Sei soltanto qualcuno che è triste, arrabbiato, che prova vergogna, che ha paura.

Non sei la tristezza, né la rabbia, neppure la vergogna e neanche la paura.

Le tue emozioni non ti definiscono affatto.

Se stai piangendo non sei debole, se sei triste non sei depresso, se sei arrabbiato non sei violento e così via. Lascia alle tue emozioni il loro compito, quello di esprimere ciò che provi, non usarle per definirti e non lasciare che gli altri lo facciano. Sono parole utili per capirsi, ma non definiscono un carattere. Non definiscono la complessa variabile dell'identità di un essere umano. Non si può racchiudere una personalità dentro una parola. Non si può omologare qualcosa di così sfaccettato come le emozioni.

Non si deve pensare che le emozioni siano la persona che le prova.

Perché succede? Perché per comodità abbiamo avuto bisogno di catalogare le cose. Di dargli dei nomi e delle categorie, in modo da capirci meglio e, più il mondo percepito si allargava e diventava internazionale, più c'era bisogno di modelli. E allora possiamo dire senza peccare di avarizia che in questo mondo dovremmo essere più o meno **tutti felici, magri, ricchi e tendenzialmente belli.** Se brutti intelligenti. Se stupidi irriverenti. E così via. Tu magari ci credi, finisci per convincerti che questa sia la realtà e allora inizi a domandarti: *perché io non sono così? Perché sono così triste? Non dovrei essere triste. Perché sono sempre arrabbiata? Non dovrei essere arrabbiata.*

TU NON SEI LE TUE EMOZIONI.

Due, tre, quattro o cinque volte al giorno ti trovi a pensare che la stanchezza ti abbia oramai stretto tra le sue braccia per non lasciarti più andare, vero? Che tu sia troppo stanco o stanca per non essere triste o arrabbiata. La stanchezza è la coperta che tieni sempre con te, che trascini in giro per casa e finisci per indossare persino a lavoro, quando vai a fare la spesa o esci con degli amici per una birra o una bottiglia di vino (che bevi per intero, da sola). La stanchezza nasconde ogni sentimento, tutte le diverse emozioni, sensazioni, sfumature che avresti il diritto di provare e invece non provi più. Solo *stanchezza*, un unico nome che raccoglie ogni cosa e addio a tutto ciò che dovresti provare e al quale dovresti dare un nome.

Potresti anche ritrovarti sommersa dalla stanchezza perché di emozioni ne hai ingurgitate fin troppe e tutte insieme. Ingordigia emotiva, hai fatto una scorpacciata e adesso hai la nausea. Niente di diverso dal sedersi a tavola a pranzo, ingoiando senza nemmeno masticare, rendendo il pasto insapore, pesante. Sarà difficile trovare la forza per cenare, la stanchezza la farà da padrona: una stanchezza emotiva? *Fisica?*

Lo stesso accade dopo essersi ritrovati ad accumulare emozioni su emozioni, quasi in modo automatico, senza neppure accorgersi di averle provate. Emozioni che finiscono per riempire il nostro zaino e renderci ogni giorno più lenti e pesanti. **Abbiamo perso entusiasmo** e le sensazioni invece di emozionarci, ci stancano. Le emozioni non hanno più colore, non le distingui, non ti lasci il tempo di sentire chi sono, cosa sono, come tu reagisci o potresti reagire loro e, soprattutto: come ti fanno sentire se le lasci fare.

Non è stanchezza: è angoscia.

Tu queste emozioni non le vuoi provare. Fai di tutto per lasciarle dove sono, per scacciarle, per ricacciarle dentro, per distrarti mentre le provi, non vuoi affrontarle.

Non ti permetti di affrontarle.

Ti ricordi la coperta di cui sopra? Che fa una coperta? Copre, appunto. Il suo manto nasconde ogni cosa, tu non sai nemmeno già cosa voglia dire davvero la parola stanca perché a stanchezza tu sostituisci paura, terrore, dolore, preoccupazione, vergogna, umiliazione. Ma anche gioia, successo, amore, eccitazione, sessualità. Tutto.

La stanchezza non è un'emozione.

La stanchezza non deve diventare il *pasto sostituivo* delle emozioni. Il bibitone per sopravvivere alla giornata, per dormire ma non sognare. La stanchezza non è una via di fuga. La stanchezza non ti aiuta a vivere. Devi guardare quello che provi. Devi ascoltare quello che provi. Devi metterti nei tuoi panni anche se fa male, anche se fa paura. Sapere chi sei, sapere quello che senti. Come? Ascoltandoti. Guardando sotto la coperta. Perché sei stanca? O stanco. È paura la tua? Bene, chiamala paura. È vergogna perché hai fallito? Bene, chiamala vergogna. Non devi fare altro per adesso. Solo dargli un nome.

Fai un tentativo. Prova a sostituire la stanchezza con la tua reale emozione. Sforzati di andare oltre la superficie, guarda la sfumatura. Le emozioni non sono qualcosa di statico, non sono tutte uguali e non possono essere rappresentate allo stesso modo per tutti, non sono *emoticon*, faccine, stickers, emoji. E ancora: quando dici che sei *ar-*

rabbiato prova a pensare *cos'hanno in comune tutte quelle cose, situazioni, persone che ti fanno arrabbiare?* Tu sei il denominatore comune ma ci sarà anche qualcos'altro. Abbi un po' di pazienza, tutto si farà più chiaro. Con calma.

Che non vuol dire essere lenti, perché la lentezza è un'altra di quelle cose che non esistono. Ti dirò una cosa in anticipo: non puoi cercare di risolvere quello che senti con uno stratagemma. Non puoi sperare di smettere di stare come stai però puoi lavorare per capirlo. Con i tuoi tempi. E questo significa provarci per davvero a cambiare, un po' per volta, per poter essere felici e vivere le proprie emozioni, qualunque esse siano.

Se seguirai il mio consiglio in questi giorni, ad un certo punto, potresti sentirti sommersa (o sommerso) da tutte quelle emozioni che nascondevi ormai da chissà quanto tempo (*da sempre?*). Potrebbero essere tante e in contrasto. Non spaventarti, sei nella giusta direzione.

Tu non lo sai ma stai combattendo un nemico: l'inconscio.

Chi è?
Che fa?

In sostanza ti tiene in vita.

Non considera il tuo benessere perché non sa cosa voglia dire. È cresciuto con te fin dai primi minuti di vita e conosce tutto di te, ma non si adatta a meno che tu non glielo insegni.

Anzi, è rigido.

È rigido nel farti reagire alle cose sempre nello stesso modo perché è così che lui sa che resterai in piedi. In linea di principio l'inconscio organizza e monitora tutto ciò che è ordinario, **non pericoloso e comune**. Cose che è in grado di gestire senza doverti disturbare. Una sorta di pilota automatico che quando la strada è sgombra, senza traffico né curve, procede verso casa, ma non appena riconosce un ostacolo ci sveglia, invitandoci a riprendere il controllo e agire. Il concetto di pericolo e di pericoloso indirizzano il suo comportamento, sono le impostazioni del pilota automatico. Lui reagisce alle cose che accadono facendoci o meno provare determinate emozioni, a volte per proteggerci: è l'inconscio che mette in funzione un meccanismo di difesa, che ci spinge a sopravvivere senza soffrire oltre le nostre possibilità, senza metterci in crisi oltre le nostre capacità di sopportazione. *Ma chi ha detto all'inconscio che A sia pericoloso e B non lo sia?* Le nostre esperienze, le primissime anche, i nostri genitori, la loro presenza o assenza, ciò che abbiamo visto, ciò che abbiamo imparato nel nostro ambiente, a scuola, a casa. Insomma: noi.

Tu.

Siamo noi stessi ad aver *settato* le impostazioni, siamo noi ad aver insegnato all'inconscio ciò che è pericoloso, ciò da cui dobbiamo difenderci. **Senza saperlo, ovviamente.** *Magari l'inconscio lo insegnassero all'asilo.*

Oggi l'inconscio forse sta combattendo nemici che non ci sono nemmeno più.

Il buio, la paura che i tuoi genitori se ne vadano, si lascino, la necessità di restituire una certa immagine allo specchio altrimenti le persone non ti ameranno, la volontà di arrivare alla perfezione perché solo così saranno gli altri a credere di avere bisogno di te e non sarai mai lasciata sola (o solo).

Queste sono tutte difese, tutte strade, tutti meccanismi dell'inconscio.

Ti tengono in vita ma più diventano rigide, più sono l'unica possibilità davanti agli accadimenti della vita e più tu ti senti bloccata o bloccato.

Potremmo aver vissuto delle esperienze che ci hanno condizionato a tal punto da spingerci a impostare il nostro inconscio su una modalità eccessivamente difensiva. Per vivere in un modo del tutto nuovo, per liberarci dal controllo inconscio dell'inconscio - perdona il gioco di parole - abbiamo bisogno di cambiare noi stessi. Di dargli nuovi segnali, di dargli nuove strade tra le quali scegliere: *di allentare la presa*. Devi cambiare te stesso e farlo è la cosa più difficile del mondo, lo so, ma puoi. Devi scavare, restando in ascolto, indagare le profonde ragioni del tuo agire e una volta raggiunte, spostarle. *Come fossero massi che ostruiscono la strada*. Devi spostarli e liberare nuovi percorsi. Troverai tutte le caratteristiche che formano la tua personalità, le tue certezze, ciò che chiami etica, valori. Tutte cose che non hanno nulla a che fare con delle scelte morali ma sono pienamente assoggettate all'inconscio.

Prendi il senso di colpa, **il metro di giudizio per la bontà delle nostre azioni,** ciò che ci rappresenta e corrisponde a ciò che siamo, ciò che vogliamo e ciò che faremo.

Piccola anticipazione (poi dedicheremo un capitolo all'argomento): il senso di colpa è una truffa. Una gabbia senza uscita che ci tiene proprio dove vogliamo stare ma ne parleremo più avanti.

Devi cambiare. Te lo ripeti in continuazione. Lo sai e ne sei convinta (o convinto) perché non ce la fai più a sentirti come ti senti, però incontri la paura nel dover abbandonare le tue certezze. Tanta, troppa paura che diventa il motivo per cui non cambi mai. Non riesci a lasciare i binari, non sei in grado di abbandonare il percorso perché dovresti rinunciare alla **cieca convinzione** di **dover** vedere in anteprima le svolte della strada prima di procedere.

Come se fosse possibile.
Non lo è.
Rileggiamo questa frase.

Cieca convinzione.
Cieca, appunto.
Non è una scelta casuale, anzi.

Ho scelto questo aggettivo perché quella convinzione non ha nulla di reale, cieca in questo caso significa *senza via d'uscita* (come gli angoli o i vicoli). Un'altra difesa dell'inconscio che protegge te, se stesso e l'ordine delle cose. Cambiare stravolge tutto, è un piccolo momento di caos per un nuovo ordine, ma il tuo inconscio non lo percepisce e nota soltanto il pericolo. Cambiare vuol dire arrivare sul ciglio della strada e attraversarlo.

Vuol dire guadare il fiume. Vuol dire salire il gradino.

Ma l'inconscio vede soltanto le macchine che attraversano la via e non l'altro lato del marciapiede. L'inconscio osserva solo la superficie increspata dalla corrente e dal vento, ma non il prato verde dall'altro lato del corso. L'inconscio nota soltanto lo spazio vuoto tra un gradino e l'altro e non sa che più in alto vai e più ti sentirai felice. La paura, difesa delle difese, ti blocca e ti paralizza. Provarla quando sei sul punto di cambiare è naturale, ma non deve fermarti.

Promettimi che non ti fermerai.

L'inconscio è una spia di allerta che puoi ignorare. Se hai paura che non succederà mai, non succederà mai. Se pensi che non ti sveglierai mai felice, con addosso la sensazione di essere dove volevi, non ti ci sveglierai mai. Se non credi che potresti vivere senza prenderti le responsabilità degli altri, perché questo è l'unico modo in cui secondo te ti ameranno, senza sentirti in colpa, be': non vivrai mai e ti sentirai sempre un impostore.

Sai perché ti senti un impostore?

Perché quando fai qualcosa non la fai per qualcun altro. **La fai per te, per il tuo inconscio.** Non compri per comprare. Non cucini per cucinare. Non bevi per divertirti. Non mangi per nutrirti. Non sei a dieta perché *ti farà bene*. Non vivi per vivere. Lo fai perché devi dimostrare a qualcosa dentro di te che vali la pena. Che sei brava, bravo, giusto, forte, capace, incorruttibile. E quando poi gli altri ti fanno notare qualche difetto, qualche piega nel vestito, *tu ti senti un impostore*. Perché quella cosa non l'hai fatta per il motivo che proclami, in tutta onestà.

L'hai fatto per non stare male. Anzi, per stare *meno* male. Per abbassare l'angoscia, l'ansia, il senso di colpa. Ecco l'inganno.

Ecco l'impostore.

Ora ascoltami: se credi che sia finita e non sarà mai nulla più come prima, che non sopravvivrai a questo dolore, che non ce la farai, *guarda al tuo ieri.* Guarda al tuo ricordo di ieri e non farti ingannare dall'inconscio.

IL TUO INCONSCIO TI CHIEDE COSTANTEMENTE DI ESSERE VALIDATO E TU GLIELO CONSENTI, TUTTO IL TEMPO.

Ieri c'era lo stesso buio. Avevi la stessa paura di non farcela. Eppure guarda, pensa: è oggi, un altro giorno e sei ancora qui. Credevi che nulla sarebbe cambiato. Tutto ciò che hai imparato e credevi sarebbe servito, il punto che hai stabilito come arrivo, la meta che tanto desideravi. *Nulla è reale.* Questa finzione ti ha portato con sé e adesso non ti lascia più andare. Questa immagine è un mondo che hai costruito bastoncino dopo bastoncino, nella tua mente, perché ci fosse qualcosa al di sopra di te che ti definisse capace. *Abile. In gamba.* Come se avessi bisogno di un obiettivo per sentirti realizzato, come se non bastasse mai quello che hai fatto oggi. Domani sarà sempre il giorno della tua felicità. *Sempre domani.* Una sorta di Mecca da raggiungere e nella quale dire, finalmente e senza ombra di dubbio, "sì, ce l'ho fatta". Urlarlo a te stesso e agli altri, ammutolirli di fronte alla tua indubbia vittoria. Ma guardala bene quella meta: non sembra mai più vicina nemmeno di un passo, vero? Senti la stanchezza perché ti pare di camminare nel deserto e non raggiungere mai l'orizzonte, con attorno dune sempre uguali e neppure l'ombra di un'oasi. Neppure il miraggio di un sorso d'acqua. Solo tempeste, sabbia e sole. Perché ci sarà sempre qualcosa che ti impedirà di raggiungerla finché non comincerai a capire che l'amore che desideri sei tu a respingerlo.

Sei tu che allontani la tua meta di un passo alla volta.

Ogni volta che ti alzi al mattino, sposti la tua felicità di un giorno in avanti, sei come un orologio impazzito che si ostina a segnare sempre un'ora in più. E hai fatto tutto da solo, sei tu la mano che gira le lancette.

Sentendoti di non valere abbastanza. Che la persona con la quale stai non valga abbastanza. Che i tuoi figli o genitori o datori di lavoro o colleghi o amici o soci non valgano abbastanza.

C'è un intero mondo dentro di te che non hai ancora nemmeno incontrato e ti basta chiudere gli occhi, prendere un respiro e accettare per oggi che tu non debba fare niente di più, che nessuno debba fare niente di più, perché tu possa essere te stesso e venire accettato così. Non c'è niente di male. Sei al sicuro.

Non sei un impostore.
Datti il tempo per provare le emozioni che ancora non hai visto. Datti il tempo per provare i sentimenti che non hai ancora assaporato.

<u>Il tempo è infinito, perché passato e futuro non esistono.</u>

Hai tutto il tempo.

DEL CONTROLLO

Se ben ricordi nell'ultimo capitolo ho accennato alla cieca - e ripeto, *cieca* - convinzione di poter controllare le cose. L'ho già detto, ma meglio essere chiari e inequivocabili: tutte scemenze. Tu non controlli un bel niente, però ti illudi di poterlo fare. Perché? Perché altrimenti verresti preso dal panico. Ti stupiresti nel notare quante cose fai ogni giorno soltanto per mantenere il controllo. Non esiste angolo del pianeta, posto nel mondo, neppure uno, dove troverai scritto sul muro:

Regola numero 1: dire sempre sì, anche a ciò che ti fa schifo.

Esistono le dittature, paesi nel mondo in cui non si è liberi di scegliere cosa fare, dove un *no* può costarti la vita. Vero, giusto, ma ti stai nascondendo dietro ad un'iperbole. Non sei sotto dittatura, non c'è nessun regime che ti controlla. Eppure continui a dire sì a ogni cosa che ti faccia rivoltare lo stomaco e sentire inadatto. Continui a credere di controllare le cose dicendo *sì* a tutto e non ti rendi conto di essere invece sotto controllo. Perché? Abbiamo visto come tu dia il timone all'inconscio, ora cerchiamo insieme di capire esattamente come funzioni nella vita reale. Nella vita reale tu lo fai mentendo.

CIÒ CHE NASCONDI TI CONTROLLA.

Tu provi a mentire. E non lo fai per cattiveria, ma perché alle volte è la soluzione più semplice. Menti a tua madre, a tuo padre, a tua sorella, a tuo fratello, al tuo compagno, compagna e via dicendo. Menti persino al tuo capo. La verità porta domande e le domande vogliono giustificazioni, vero? Giustificazioni sui tuoi errori - o quelli che ritieni tali. Allora meglio una bugia, un'altra omissione. Ma quanto pesa ogni menzogna? Mille te che si ribellano e urlano quella bugia. Mille te che ricordano ogni momento che ne hai detta un'altra, fino all'intontimento. La paura di venir scoperta (o scoperto), *beccata*, *sgamato*.

La sindrome dell'impostore che ti sveglia la notte e non ti fa più dormire.

Ma le tue sono soltanto bugie innocenti, niente di serio. Bugie innocenti, giusto? Però questa è l'unica vita che hai, l'unica possibilità di essere veramente tu. Tu e nessun altro. E la trascorri raccontando e raccontandole pur di non combattere contro l'opinione altrui.

Mentire non è un'opzione, è una difesa.

Perché le bugie ti controllano e ti tengono al sicuro. E tu vuoi essere governato o vuoi essere libero? E sei disposta a uscire dal recinto protettivo della bugia per essere felice? Bene. Allora sappi che anche dire sempre di sì non è una soluzione. Lo fai per sentirti meno inadeguato, perché credi di venire apprezzata e amata unicamente così e allora infili una serie di *sì*. Una lunga serie di *sì*.

Alla tua indulgenza, alla stanchezza che ti incolla davanti all'ennesimo episodio dell'ennesima serie TV, ai litri di alcool che bevi nascondendoli in nomi conviviali come *aperitivo* e aggettivi indulgenti come *meritato*, continui a dire *sì* a uomini e donne che non sono fatti per te, ti lasci maltrattare psicologicamente e poi li sminuisci perché provi a riprendere il controllo. Dici *sì* ai tuoi genitori o ai tuoi figli, persone che hai eletto dittatori della tua vita e che possono disporre di te e del tuo tempo come meglio credono. Sono questi *sì*, sono loro e la tua stessa convinzione, l'unico regime che ti controlla. Dici *sì* al lavoro che odi, al capo che non sopporti e ai colleghi che detesti, ma che se ignorassi o contraddicessi potrebbero avere *una brutta opinione di me*. Ti sembrano frasi familiari, non è vero? Ne abbiamo già parlato: provi a controllare la realtà e finisci per essere controllato, preoccupata (o preoccupato) di quello che possano pensare gli altri. Poi ti ritrovi la notte a letto, guardi il soffitto e pensi

Ma come è potuto succedere, quando è successo, che le cose hanno iniziato ad andare così?

Le cose, credimi, hanno preso ad andare in questo modo nell'esatto momento in cui ti sei convinta (o convinto) di poter raggiungere una perfezione che non esiste. Il tuo malessere è nato lo stesso giorno in cui hai pensato di poter accontentare tutti, di poter fare tutto, di andare bene sempre e comunque. Ma bene per chi? Per gli altri, ovviamente. Perché? Perché tu non puoi e non vuoi chiedere aiuto. Tu sai che l'unico modo per far star bene qualcuno, per tenerlo in vita, è occupartene tu. Al 100%. *Occuparsene = controllarlo*. Te lo ha chiesto tua madre, te lo ha chiesto tuo padre, te lo hanno chiesto a scuola e poi al lavoro. Tu non chiedi aiuto, tu devi dare e dare e dare per far sì che gli altri abbiano la certezza granitica che senza di te non possono andare avanti ed è così che tu credi di tenerli con te.

Ma non funziona, vero?

Insegui una perfezione e un'eccellenza che credi universale, ma è solo la tua soggettiva, (purtroppo) distorta visione delle cose: vedi gli altri e te stesso, crei la prospettiva giusta per non dover cambiare e dover solo compiere un *piccolo* sacrificio: una serie infinita, e tutto sommato sopportabile, di *sì*.

E che succede quando tu dici sì e gli altri si ribellano? Quando non sono grati, che succede? Quando ti lasciano, quando non ti promuovono, quando scelgono altri amici, altre amiche invece di te, che succede?

Dove finisce quella che tu chiami generosità? Si apre un buco nero di commiserazione e terrore nel quale non vuoi nemmeno entrare. Perché se fossi già nell'ottica di accettare le tue emozioni, te la vivresti questa paura e gli daresti una risposta: *non mi amano e questo mi fa soffrire. Non mi amano come io vorrei essere amato e questo mi fa soffrire.* E potresti cominciare ad essere libera (o libero). Non scegliere di nuovo la strada sbagliata dicendo che tutti non ti meritino, chiudendo tutte le porte e restando lì: di ghiaccio. Perché? Te l'ho già detto perché: perché lo stai facendo per sopravvivere, il tuo inconscio lo sta facendo per te.

<u>Per venire amata (o amato).</u>

Capiamoci: alla fine della fiera tu fai del bene alle persone, lungi da me dire il contrario, il punto, purtroppo, è che il motivo, la spinta, non è questo, quindi ti freghi con le tue mani. Imbrogli con le tue stesse carte e continuare a giocare diventa difficile. Hai tatuato nel tuo cervello la frase "Devo farmi amare da tutti". Ben nascosto, ma tatuato. Frasi come *devo essere perfetto, non sono abbastanza, non faccio abbastanza* non dovrebbero esistere da nessuna parte nel mondo, tanto meno nella tua testa. Non è nient'altro che una bugia.

Una grande e grossa bugia e puoi smettere anche subito di ripeterla. Sei abbastanza, va bene così, ti ameranno. Ti ameranno per come sei: giuro.

TI AMERANNO PER QUELLO CHE SEI.

"Niente è sotto il tuo controllo" non vuol dire che devi rassegnarti alla fatalità delle cose, che nulla dipenda da te, anzi. Non ti sto consigliando una vita senza conseguenze, senza responsabilità.

La responsabilità è tua, tutta tua, il controllo no.

Hai la responsabilità delle tue azioni, dei tuoi pensieri, dei tuoi sentimenti, dei tuoi desideri, delle tue scelte, della tua vita, ma non ne hai il controllo.

Tu non puoi controllare ciò che accade.

Non puoi controllare le conseguenze di una tua parola. Non puoi controllare ciò che gli altri pensano. Non puoi controllare ciò che gli altri fanno, dicono, immaginano.

<u>Tu sei tu e finisci con te.</u>

Lavoro nel marketing, come ci siamo dette all'inizio, e so che la manipolazione può essere un'arma incredibilmente potente. La uso quando faccio una campagna pubblicitaria, la conosco, ma se l'applicassi nella vita di tutti i giorni mettendola dentro una mia relazione, sarei infelice. Non immagini quanto. Esistono tecniche su tecniche per convincere una persona: puoi fargli credere molte cose, fargli compiere moltissime azioni semplicemente creando un'urgenza. **Urgenza** è la parola chiave. Se hai creato l'urgenza giusta puoi far comprare un prodotto qualsiasi a chiunque, attribuendogli l'illusione di un bisogno che non possiede realmente. Con queste tecniche puoi indirizzare anche il voto, creando paure che non esistono, necessità che non sono reali ma quest'illusione dura il tempo di un click o due.

Proprio come andare a fare shopping: compri un vestito nuovo, sei felice, torni a casa ed è già tutto finito. Quello che c'era prima nella tua testa c'è anche adesso, hai soltanto il portafoglio vuoto e un posto in meno nell'armadio.

Ti propongo una scena:

sei a letto dopo una serata più movimentata del solito, dove hai bevuto. Hai fatto cose che non ti piacciono, scegli tu quali: hai urlato? litigato? baciato? sei andato (o andata) a letto con qualcuno? Hai parlato male di qualcuno? Vale tutto. Come ti senti? Presa in giro, piena di vergogna e sensi di colpa. Perché? Perché se fossi stato in controllo avresti agito diversamente e se non sei in controllo tu ti senti morire.

Ieri invece che il tuo inconscio (che hai spento con l'alcol) hai fatto parlare l'alcol (*che non è che sia 'sto genio manco lui*) e oggi il tuo inconscio cosa fa? Ti fa sentire male. Perché tu, ricordiamolo, hai deciso che devi accontentare tutti e sempre e se non lo fai nessuno ti potrà mai amare, non sarai mai abbastanza degna (o degno) dell'amore di nessuno. Solo *facendo* tu sarai apprezzato. Non *essendo*, bensì *facendo*. Ti senti manipolata (o manipolato) ora? Già. Da chi? Dall'inconscio ovvero da te stesso. Non puoi costruire le tue relazioni in questo modo. Non puoi costruire te stesso. Non puoi ottenere ciò che desideri. **Non puoi, nessuno potrebbe.**

"Ma se gli altri…" solita domanda.

Non pensare più a quello che altri decideranno di fare: **quella non è minimamente una tua responsabilità.**

Ma tu non vuoi la responsabilità, vero? Tu vuoi soltanto il controllo. Vorresti soltanto poter decidere anche per loro, in modo da avere tutto tra le tue mani. Tutto e tutti. Così nessuno ti potrà fare del male, nessuno ti lascerà mai, nessuno ti tradirà, nessuno deluderà le tue aspettative, nessuno ti abbandonerà, nessuno parlerà male di te e della tua sbronza di ieri.

Se soltanto ti assumessi la responsabilità di quello che stai facendo senza - e dico senza, attenzione, *senza* - prendertela con tutti quelli che secondo te non stanno facendo la cosa giusta o non hanno fatto la cosa giusta o non faranno la cosa giusta, saresti finalmente libero dal senso di colpa. Non lo proveresti, non tenteresti di farlo provare a qualcun altro. Il tuo ex marito che ti ha lasciata, il tuo capo, l'amico che ti ha mentito e via dicendo.

Se ti liberassi dal senso di colpa potresti finalmente prendere il controllo della tua vita e smetterla di provare a controllare ciò che non dipende da te.

Ma lo sai perché provi costantemente a far sentire qualcuno in colpa? Perché è così che ti hanno insegnato. Ti hanno insegnato che sentirsi in colpa è il sentimento adatto a tutta una serie infinita di situazioni che potremmo facilmente riassumere in *non hai fatto, detto, pensato quello che io volevo*. Quando le cose sfuggono dal nostro controllo, quando le persone agiscono in modo arbitrario, ecco che attiviamo il meccanismo del senso di colpa. Perché?

Perché è l'unica forma di controllo che conosci davvero, quella che funziona sugli altri o che almeno tiene te nell'illusione di un funzionamento.

Però tu non controlli nient'altro che la tua vita. Sei responsabile soltanto di questo e nient'altro. *Se sei felice è una tua responsabilità. Se stai soffrendo è una tua responsabilità.* Ci avevi mai pensato?

Quando capirai che l'unica cosa che tu puoi controllare realmente è soltanto il tuo modo di rispondere a ciò che ti capita ogni giorno; che hai già nel tuo cuore e nella tua mente tutte le capacità di dirigere ciò che ti circonda, di identificare il punto d'arrivo e la strada scelta per arrivarci, allora sarei felice. Quando capirai di dover agire e rispondere alle cose, non gestirle per paura che vadano diversamente da come t'aspetti, da come desideri, da come credi che debbano andare, allora sarai felice. Niente ti rende peggiore agli occhi degli altri che il cercare di controllarli e controllare le loro vite. Ma è questo quello che vuoi, giusto? Fare in modo di mettere sempre di più tutti alla prova e vedere se resteranno. *Perché sei tu l'impostore.*

SE QUALCOSA STA LIMITANDO LA TUA VITA PUOI ANDARE IN TERAPIA (E TI PIACERÀ)

Puoi sempre andare in terapia. La terapia, perché no? "Ma come..." dirai tu. "Questo è un libro che dovrebbe aiutarmi e invece mi dice che devo andare in terapia?" Già, ed è così che ti aiuterò davvero, nel caso in cui questo libro non basti. Perché ci sono cose che possiamo fare da soli e altre no e questa parte ci serve a capire se è più importante che ti faccia dare una mano da qualcun altro oltre che da me.

Se ti si rompe un ginocchio, se hai la febbre alta, se hai fatto un incidente, tu vai dal medico. Se tu o qualcun altro non vi sentite bene nel cuore della notte nessuno ci penserebbe due volte prima di chiamare un'ambulanza. Tutto normale. Se qualcuno sta male si va dal medico, niente di assurdo. Se invece stai male perché non riesci a dormire neppure dopo una giornata estenuante, perché hai paura persino della tua stessa ombra, perché sei preda dell'ansia che ti paralizza, perché alle volte non riesci neppure ad alzarti dal letto. Se apri gli occhi e pensi di non valere nulla. Se ti chiedi che senso abbia continuare a vivere. Se immagini che in fondo non abbia molto senso restare qui. Se bevi troppo, se fumi troppo, se mangi troppo poco o mangi troppo e basta.

Se porti i segni di questi eccessi, se vedi che il tuo corpo si spezza sotto queste fatiche, perché non andare dal medico? *Ma è tutto diverso*, dici. Ti stai ancora nascondendo, ancora una volta dietro a un muro sottile e trasparente. L'opinione degli altri, ancora lei. L'opinione comune, la vergogna, l'imbarazzo, la convinzione di non aver bisogno di aiuto. Ma se quello che sta succedendo dentro di te ti limita ogni giorno come ti limiterebbe un *frontale a 120 km/h in autostrada*, tu non puoi fare finta di niente. Dopo un incidente del genere si va in ospedale, ci si affida ai medici, si intraprende un percorso di riabilitazione perché altrimenti è impossibile continuare a vive-

re. E allora agisci alla stessa maniera, rispondi alla stessa logica e comportati allo stesso modo.
Se quello che senti dentro di te ti limita, ti debilita, ti chiude dentro casa: tu <u>devi</u> andare in terapia.

Vai dallo psicologo, scegli uno psicoanalista. Quelli privati costano, vero, ma puoi rinunciare ad una cena o ad un vestito ed ecco i soldi per una seduta. E se invece non ci sono nemmeno questi soldi allora puoi rivolgerti al tuo medico di base per accedere a una terapia tramite ticket sanitario: ti costerà molto meno e sarà per te sostenibile. Perché non lo so cosa immagini e cosa associ alla parola *psicoterapeuta*, ma ti assicuro che è esattamente questo ciò che fa: rimuove gli ostacoli che si sono formati, che sono crollati e precipitati sulla tua strada durante tutti gli anni della tua vita, ripulisce la via e ti aiuta a prendere confidenza con le nuove strade per camminare, correre, scivolare, pattinare, sterzare, cadere, rotolare senza doverti fermare perché la strada è interrotta.

Lo psicoterapeuta mette in ordine il manto stradale della tua vita.

<u>Non voglio far sembrare la terapia un gioco, non lo è.</u>

Andare in terapia è un atto coraggioso, ci vuole la stessa dose di coraggio per qualunque altra azione difficile. Dovrai combattere e una volta capito che è un gesto che stai facendo per te stesso, ecco che dovrai affrontarti. Perché la parte più difficile sta nella sfida contro di te. Un uno contro uno nel quale devi mettere tutto ciò che hai. Perché è pesante, ti svuota, ti porta via energie. Ma tu puoi farcela. Pensa che è bellissimo, è sexy e di successo. Non è vero che penseranno che sei strana, che sei matto. Oggi tutti gli uomini e le donne che hanno raggiunto grandi obiettivi si sono lasciati aiutare. Non perché fossero deboli, anzi.

Lo hai fatto anche tu comprando questo libro, giusto?

Al contrario è una questione di forza: affrontare i propri limiti e le proprie paure ci rende liberi, lascia esplodere tutto il nostro potenziale, senza più alcuna limitazione. Fatti un grande favore e non andare in terapia perché "voglio migliorare la mia capacità di parlare in pubblico" o "perché voglio scoprire qualcosa in più su me stessa", non hai bisogno di mascherare la tua richiesta d'aiuto. Non serve. Sii sincero, sii sincera.
Ti aiuterà. Le persone speciali sanno farsi aiutare, tu sei una di queste.

E se ciò che nella tua testa ti frena non ti ha ancora limitato a tal punto da dover cambiare le tue abitudini di vita (dormire, mangiare, uscire di casa, lavorare, etc.) allora andiamo avanti insieme, possiamo fare ancora molto.

DEGLI ALTRI E DI NOI STESSI: A CHE GIOCO GIOCHIAMO.

La vita non è un gioco, ma quanto tempo trascorriamo a *giocare*? Un'infinità. E tra i nostri giochi preferiti c'è quello del *cambiamento*, o del presunto tale. Anzi, ancora meglio: il cambiamento del mondo, degli altri, ma mai il nostro. Ci mancherebbe.

L'abbiamo appena visto, cambiare se stessi è difficilissimo. Bisogna andare a fare i conti con la parte più reale e profonda di noi stessi: bisogna scavare, spostare massi, avvicinarsi alle radici. Un gioco al massacro provare a smuoverle senza reciderle, convivendo con la costante paura del cambiamento. Siamo schiavi di ciò che crediamo, della nostra *cieca convinzione*, ci immaginiamo come esseri immutabili, che non possono cambiare senza dover morire. Frasi come *io sono quel tipo di persona che, io sono una persona che, io sono una di quelle persone che...* Ti risultano familiari? Sono il dipinto, la fotografia di chi si immagina eternamente uguale, incapace di vedersi anche soltanto un po' diverso da come sia. Smettere di pensarlo è la sfida della vita.

Non una sfida ma LA sfida.

Però, per quanto consapevoli che cambiare noi stessi sia estremamente difficile, non c'è giorno nel quale pensiamo di non poter cambiare gli altri.

Non c'è giorno che passi nel quale non siamo **certi**, *maledettamente certi, che cambiare gli altri sia possibile.*

Non soltanto siamo convinti di poterlo fare e reiteriamo nei nostri più disparati tentativi ma addirittura arriviamo a credere che cambiare una persona sia affare da poco. Cambiare noi stessi è difficile, non ci proviamo neppure, però trascorriamo buona parte della nostra vita nel tentativo di cambiare gli altri. Strano, vero? Lo facciamo ogni giorno perché siamo sicuri che è un'operazione fattibile. Come convincere un bambino a mangiare la verdura, soltanto perché noi siamo grandi e gli ripetiamo tutti i giorni che *la verdura fa bene.*

Il più grande equivoco è questo: pensiamo che cambiare una persona sia semplice, talmente semplice che non ipotizziamo neppure un *piano b*, non ci prepariamo a possibili emergenze, cambi di rotta. Pensiamo che cambiare una persona sia una sciocchezza, un po' come andare in auto da casa a lavoro. Qualcosa che facciamo tutti i giorni e per la quale non c'è tanto di cui preoccuparsi: cosa potrebbe andare storto? Non prepariamo un panino per un eventuale gigantesco ingorgo, non telefoniamo ai nostri cari per avvisarli del viaggio, non controlliamo la pressione delle gomme. *Dai, sarebbe ridicolo: stiamo soltanto andando a lavoro.* Che ci vuole? L'abbiamo fatto tutti i giorni.

Ragioniamo alla stessa maniera quando pensiamo di poter cambiare una persona e lo facciamo anche se, in realtà, non abbiamo mai cambiato nessuno. Partiamo per questo viaggio senza considerare alcun imprevisto, senza immaginare nessuna variazione. Non consideriamo mai che cambiare una persona sia impossibile e non valutiamo le altre alternative. Per noi le alternative non esistono, non si accende nessuna lampadina nel cervello. Immaginiamo che sia semplice, ci impegniamo per riuscirci, consumiamo buona parte delle nostre energie e alla fine falliamo.

Falliamo miseramente.

Senza aver mai alzato gli occhi per guardarci intorno, senza mai aver considerato un'alternativa. E, soprattutto, senza aver avuto nemmeno mezza reale possibilità di riuscire. Tolstoj diceva: *Tutti pensano a cambiare il mondo, nessuno a cambiare se stesso.*

Già. Lo dico anche io.

Una frase che ci solletica la mente, che ci fa quasi sorridere: perché ognuno di noi sa di aver provato a cambiare le cose, sa di averci messo energia e fatica ma di aver ottenuto scarsi o nulli risultati. E nonostante tutto continuiamo a pensare di poter cambiare gli altri. Come possiamo pensarlo? Ma soprattutto verrebbe da chiedersi: *perché sentiamo il desiderio di voler cambiare gli altri?* Sembrerebbe quasi un istinto naturale, una deformazione del pensiero. Cambiare gli altri come gioco a cui giocare tutti i giorni, modificandoli nel piccolo o nel grande, negli affari importanti della vita oppure in sciocchezze senza significato. Sempre sacrificando quantità notevoli di energia, sia chiaro. Questo è un gioco che prendiamo molto sul serio, siamo come bambini irrequieti che si ritrovano tutti sudati, senza forze, stremati dal loro gioco preferito: un gioco infinito, che non finisce mai, perché mai riusciremo a cambiare gli altri.

Tu credi di non farlo, vero? Pensi che cambiare una persona significhi rivoluzionarla, che tu ci possa riuscire, che è per il suo bene. *Balle.* Voler cambiare una persona significa anche dirle come vestirsi, come parlare, cosa dire e cosa fare in una determinata situazione sottolineando cosa abbia fatto di *sbagliato.*

Sbagliato secondo te, è ovvio.

Perché se fosse diversa ti amerebbe vero? Se fosse diversa capirebbe come sei? O anche, se fosse diversa le cose per lei sarebbero più facili, più semplici, se capisse quello che gli dici riuscirebbe dove non sta riuscendo, giusto? Perché si ostina a sbagliare? Voler cambiare una persona significa anche elargire pareri che ritieni *dovuti* quando in realtà sono *non richiesti*, ma non te ne accorgi: perché per te quella è la tua verità, la verità eterna che anche l'altra persona deve condividere, accettare, applicare. Ti difendi, lo so, dietro la frase "ma mi ha chiesto aiuto" oppure "ma cosa dovrei fare, lasciarla soffrire?"

Tutti noi l'abbiamo fatto, qualcuno continua a farlo.

E lo facciamo con i nostri figli, amici, compagni. Con i colleghi, con i dipendenti, con i fidanzati, i mariti, le fidanzate e gli amanti… *mia madre lo fa persino con i vicini di casa.*

Spesso nelle nostre relazioni giochiamo ai meccanici: scegliamo qualcuno, ma senza accettarlo per quel che è, pronti a cambiarlo sostituendone alcuni *pezzi*. Analizziamo la persona che è accanto a noi, evidenziamo gli aspetti che non ci piacciono e cerchiamo in tutti i modi di cambiarli. "Lui è timido e mi piace, però non può starsene zitto tutto il giorno". "Lei è molto intelligente, però non può comportarsi così quando discutiamo". "Lui è simpatico però non può fare amicizia con chiunque". "Lei è molto bella però non può vestirsi così quando non ci sono". "Se soltanto non chiamasse la madre cento volte al giorno sarebbe perfetto".

Se soltanto non facesse, se soltanto non dicesse, se soltanto non pensasse.

E concludiamo con un *va cambiato, va cambiata*. Lo facciamo con chiunque, l'ho già detto: mariti, fidanzati, compagne, mogli, madri, padri, figli, preti e commercialisti. Proviamo a cambiare quella persona per i motivi più disparati: se parliamo di qualcuno legato a noi per ragioni di sangue (figli, genitori, parenti di qualsiasi grado) sappiamo di non poterli sostituire e, credendo di aver in qualche modo fallito nell'educazione, cerchiamo di correre ai ripari. Oppure di essere stati sfortunati e allora proviamo a dare un calcio alla sfiga, sostenendo di farlo per il loro bene, ma in realtà lo facciamo soltanto perché non riusciamo ad accettarli.

Non li vogliamo accettare per quello che sono.

Se invece è qualcuno che abbiamo scelto, qualcuno che potremmo lasciar andare, qualcuno che evidentemente non fa per noi, non abbiamo il coraggio di farlo. Non riusciamo ad ammettere di aver sbagliato, non riusciamo ad accettare di aver *fallito* (tu pensi sempre che ci sia di mezzo un fallimento). Non accettiamo quello che crediamo essere un errore (invece che una semplice scelta), l'incompatibilità magari, e proviamo a rendere la persona *perfetta* per noi.
Non consideriamo mai, e dico mai, l'ipotesi di accettarli per quello che sono. Confrontarsi con gli altri è utile, altrimenti non sarei qui a scrivere per te. Però bisogna saper distinguere, tenere conto della persona che si ha di fronte e di quelle che sono le sue reali capacità di aiuto. Questo vale in qualsiasi situazione, non soltanto quando in ballo c'è una questione di vitale importanza: siamo esseri sociali, ci piace chiacchierare, discutere, ascoltare l'opinione altrui. Però non dobbiamo lasciarci condizionare da qualunque cosa, la prima frase

ascoltata non deve spingerci a cambiare rotta. C'è sempre il nostro cuore con il quale fare i conti.

STAI CHIEDENDO INFORMAZIONI STRADALI A CHI NON È MAI STATO DOVE VUOI ANDARE.

Perché degli altri non ci si può sempre fidare. Con questo non voglio apparire misantropa, non è questo il senso: delle persone non ci si può sempre fidare non perché siano cattive, maligne, desiderino il nostro male, la nostra sofferenza o sconfitta, ma perché spesso tendono a non essere oneste o utili. In che senso? Seguimi in questo esempio.

Immagina di essere in viaggio, in una città che non conosci. Sei in giro, consulti la mappa, ma la destinazione che vorresti raggiungere proprio non la trovi. Allora fermi la prima persona che passa. Se questi è un turista, probabilmente ti risponderà dicendo qualcosa di simile a "Mi spiace, non posso aiutarti. Non sono di qui". Ma è quello che farebbe chiunque? Non ci giurerei. Infatti, imbattendoti in una seconda persona, magari qualcuno che in quella città ci è nata, scommetto che ti darebbe un aiuto dicendoti "Vai di là, gira a destra", ma la nostra destinazione è davvero alla prossima curva a destra? Non sempre. Perché c'è una sorta di obbligo che scatta nella testa di chi viene interpellato, un misto di vergogna del non sapere - per alcuni - e la convinzione di sapere tutto - per altri. Se nella tua vita di tutti i giorni chiedi a qualcuno un consiglio per ottenere qualcosa che ti sta a cuore, è molto improbabile tu possa sentirti rispondere "Mi spiace, non ho idea di come fare", con l'aggiunta di espressioni come "Però sono dalla tua parte", "Mi pare un'ottima idea" o "Se hai bisogno di altro, sono qui". No. Le persone spesso sono come quel cittadino che spinto da chissà quale istinto ti dirà la sua sul come raggiungere qualcosa che non ha mai visto, mai capito, mai affrontato, mai studiato. Spesso non ci ha mai neppure ragionato o addirittura non credeva esistesse prima che tu gliene parlassi, vero?

Vorrei renderti evidente che non puoi farti guidare da chiunque. Non devi biasimare gli altri se ti danno indicazioni sbagliate; devi chiedere a te stesso: "Perché mi interessa tanto farmi guidare da qualcuno del quale non so neppure se mi interessi il parere, se mi possa fidare, se sarà attendibile?".

Rispondo io per te: perché, semplicemente, non è di un parere che sei alla ricerca, ma di approvazione. Ancora una volta preferisci non ascoltare il tuo cuore, soltanto per ascoltare qualcuno dirti quanto sia interessante il viaggio che hai programmato, quanto sia brillante l'idea che hai avuto, quanto sia divertente la storia che hai scritto. Chiedi aiuto perché in realtà vuoi dei complimenti. Li aspetti, li <u>*pretendi* e poi magari ci resti male perché non sono esattamente</u> come te li aspettavi. Non serve attendere che gli altri ci cambino la giornata. Quella persona che ti sta tanto a cuore, la persona con la quale parli di tutto, quella che ti ama, quella che ami ma non ti ricambia, tua madre, tuo padre, il tuo capo, non sapranno mai darti la risposta che vuoi. Perché non è a loro che devi domandare, ma a te, che sei diverso ogni giorno.

SAI COSA È DAVVERO CAMBIATO? TUTTO. SOPRATUTTO TU, TU SEI UN'ALTRA PERSONA.

Al contrario di quello che potrebbe sembrare: io lo so che fino ad oggi non hai scherzato, che hai combattuto, sei caduta e ti sei rialzato.

Lo so che hai provato a lasciar scivolare le cose che non potevi cambiare, che hai sperimentato e inventato nuovi modi di pensare.

Hai provato ad aiutare, hai provato ad arrenderti, ma comunque non ce l'hai mai fatta. Hai indossato l'armatura, hai impugnato un'arma poi hai detto basta. Hai ripreso coraggio, hai pianto, ti sei lasciato/a travolgere dalla rabbia un attimo prima di fermarti.

Cambiare non è facile, ma tu ci hai provato.

L'hai fatto in solitudine, nascondendoti e curando le tue sconfitte come quel soldato in trincea di cui abbiamo accennato, che ricuce i brandelli delle sue ferite da solo, con un ago disinfettato col whisky.

Altre volte hai chiesto aiuto, l'hai ricevuto oppure no. Hai provato a cambiare vestiti, colore oppure taglio di capelli. Hai provato a mostrarti una persona nuova, diversa, hai tentato di rivoluzionare e cambiare il modo in cui gli altri ti avrebbero visto. Hai provato a cambiare le cose cambiando te stesso/a. Puoi aver cambiato lavoro, terminato gli studi, lasciato casa. Ti sei sposato, sei diventata madre, adesso i figli sono diventati grandi oppure sono ancora piccoli e dormono nell'altra stanza. Hai fallito, hai avuto successo e credi di non essere cambiato mai: di non essere abbastanza, di non avercela fatta. Hai provato un dolore così grande da pensare di morire. Hai smesso di mangiare, hai iniziato a bere, poi hai smesso anche di bere e hai ripreso a mangiare. Troppo. Hai seguito manuali, comprato libri (*come questo*), visto tutorial, hai provato a capire, hai cercato di comprendere. Hai studiato perché volevi imparare a disegnare, a cucinare, a nuotare. Volevi fare tante cose e ancora non riesci: quella ricetta è un mistero, i disegni sono sghembi, in acqua per poco non affoghi. Tu non ci riesci, ma i tuoi figli sì, le tue sorelle sì, i tuoi fratelli sì. Hai parlato con tua madre, hai fatto domande e ricevuto risposte che però non hai capito del tutto. Tuo padre ti manca tutti i giorni e ti manca il non potergli chiedere aiuto. Solo lui poteva aiutarti, ma adesso è troppo tardi. Ora che hai rifatto il letto, hai fatto la spesa e controllato il conto, hai visto finire i soldi, un centesimo alla volta. Hai avuto paura, terrore, hai pianto circondato/a da un buio che pareva non finire mai. Un buio che ha mangiato ogni cosa, persino la forza di andare avanti ancora. Hai alzato bandiera bianca, ti sei arreso. Nessuno ha risposto e hai pensato fosse arrivata la fine. Qualcuno poi è arrivato. Qualcuno che ti somiglia, ma che non riconosci, che non riesci a pensare possa essere così simile a te e allo stesso tempo non essere te.

Sei tu e non sei tu.

La persona che sventola bandiera bianca e la mano che ti aiuta a rialzarti, il soldato malconcio, il disegno sbagliato, la parola di troppo, il viso smarrito:

sei tu, sempre tu.

E adesso sei qui: è passato del tempo e sei qui, ancora, nonostante tutto. Guardati indietro e dì a te stesso (o a te stessa) una e una sola cosa: "grazie per avermi accompagnato fino a qui".

Perché ora che lo stai salutando, lo stai salutando per sempre.

"Anche nei momenti più bui, quando tutto sembrava finire, sono stato capace di accendere una candela e ancora una candela, una candela ogni volta e ho trovato la forza per restare ancora un giorno in più in questa vita."

Questo è ciò che devi dire a te stesso, a te stessa, guardando dietro di te, questo è quello che voglio che tu dica a chi eri.

Tutto è cambiato perché io sono cambiato, io sono cambiata.

"Io, prima di ogni altra cosa. Prima di tutto e prima di tutti. E sono ancora qui, in piedi."

Ed è così che saluterai e ringrazierai una parte di te che non c'è più, che non ti serve più.

Tutte le volte che penserai di aver fallito, di non aver concluso nulla, di non essere da nessuna parte, di non aver raggiunto nessun obiettivo, rileggi queste parole, chiudi gli occhi, respira e ricorda chi sei.

E lascia andare una volta per tutte.

Abbandona questo bisogno di dire agli altri cosa fare e non fare, cosa sia bene e cosa male, cosa c'è di giusto e cosa di sbagliato. Pensa a tutte le volte che qualcuno lo ha fatto con te, quando sono stati gli altri a esprimere un giudizio, a dirti cosa andasse bene e cosa no e a come ti ha fatto sentire: messo con le spalle al muro, non compreso/a, non capita/o. Non vedi che sono due facce della stessa medaglia? Non puoi cambiare gli altri, come gli altri non devono chiederti di cambiare. Tu non devi chiedere agli altri di farlo e non devi accettare di cambiare per gli altri. Si vuole il cambiamento perché si vive con una fantasia nella mente, lo si crea e poi la si sovrappone alla realtà.

La realtà finisce per scomparire e resta soltanto la fantasia ricorrente, infima e ingannevole che, eliminata una caratteristica, limato un certo particolare, cambiato un aspetto minuscolo del carattere, cambierà quella persona in una nuova persona, perfetta per te.

O tu diventerai perfetta per quella persona.

Lascia andare, saluta il passato.

La fantasia che tutte le incomprensioni, i problemi, il dolore tra e te quella persona, padre, madre, figlio, amico, compagno, finiranno nell'esatto momento in cui quel piccolo, trascurabile, minimo, quasi invisibile particolare cambierà.

Purtroppo siamo lontanissimi dalla verità.

Non è mai un dettaglio piccolo, trascurabile, minimo e invisibile. Non ti accorgi che a parlare è soltanto la tua paura, quell'insano terrore nel dover accettare la realtà per quella che è, accogliendo il fallimento, la perdita del fantomatico controllo sulle cose.

Controllare, sempre controllare, quando invece bisognerebbe lasciarsi andare.

Cambiare è un percorso lungo e difficile, eppure tu pretendi - quante volte in una sola giornata - semplicemente con le tue parole - di convincere qualcuno a farlo. Poi perdi la pazienza se il miracolo non avviene. Ti arrabbi, ci resti male, sei deluso se la magia non riesce. Non capisci come faccia l'altra persona a non capire l'importanza, la semplicità, la necessità del dover cambiare.

Eppure glielo hai detto, ripetuto e ripetuto ancora.

Se credi davvero che ci debba essere un cambiamento, se pensi davvero che le cose debbano cambiare, se vuoi che le cose cambino, sei tu la persona che deve cambiare.

Ora che hai salutato.

E alle volte potrebbe persino non essere sufficiente per far funzionare una relazione che non funziona. E se così fosse, non ci sarebbe molto altro da fare, niente che non sia andartene. Andartene e basta. Perché una relazione non può essere una prigione. Mai.

A partire da quella con te stesso, con te stessa.

"Ma io lo so quanto è stato faticoso arrivare fino a qui e ti amo per questo."

DELLA COPPIA

Abbiamo appena parlato di relazioni, del cambiare gli altri, ne abbiamo fatto un discorso generale, che può essere applicato a qualsiasi ambito: dal lavoro, alla famiglia, alle amicizie. Ma una delle relazioni più difficili da instaurare, mantenere, costruire ed eventualmente chiudere è quella con la persona che hai scelto, quella che è accanto a te non perché debba e non perché ci si sia trovata, ma perché l'avete scelto, insieme (*ehi, ciao, se sei un rapitore e stai leggendo, questo capitolo non è per te*). Delle relazioni questa è tra le più difficili da gestire. Lo è per tutta una serie di ragioni. Innanzitutto dobbiamo ricordarci ogni volta che chi è accanto a noi è una persona completamente estranea alla nostra famiglia, che non ha condiviso il nostro percorso, la nostra educazione, i nostri ricordi, che non viene dallo stesso mondo. Quasi come fosse un alieno che il giorno prima non c'era e il giorno dopo ci siamo ritrovati in cucina, qualcuno che non ha condiviso con noi la sua intera esistenza. Questo qualcuno, questo iniziale estraneo, diventerà la persona nella quale riporre la nostra massima e totale fiducia. Una delle poche, se non l'unica persona, alla quale consentiremo di decidere insieme del nostro tempo, del nostro denaro, dei nostri viaggi, della spesa, del pranzo e della cena, della routine di tutti i giorni. Ed è un estraneo. Se ci pensi viene il mal di mare…

E se le cose non dovessero andare come vorrei?
E se le cose precipitassero da un momento all'altro?

E se cambiasse?
E se non mi amasse?
E se mi tradisse?

La coppia è la relazione che maggiormente ci espone al rischio di vivere completamente assoggettati ad un possibile (e a volte persecutorio) futuro, senza essere più nel presente: mette a durissima prova la nostra capacità di rimanere qui e ora, trascinandoci in un fantomatico futuro torbido e spaventoso. Per molto tempo, come puoi notare dalle tue stesse verosimili domande di poco fa, quando vivi un rapporto di coppia rischi di non essere qui, nel presente, nell'*adesso*.

Non vivi la coppia per quello che è ma nuoti nell'angoscia del futuro.

Ti ricordo che il futuro è una fantasia, è qualcosa che ancora non è accaduto - altrimenti che futuro sarebbe - ma che ti arriva addosso con una forza incredibile, come fosse qualcosa di reale, che puoi quasi toccare e per il quale puoi certamente stare male. E se stai male cosa fai? Ti difendi. Difendersi vuol dire agire, prendere delle decisioni, muoversi sulla scacchiera... in modo sbagliato. Sbagliato perché?

Perché sulla difensiva si può costruire un'armata, non una coppia.

Chiediti: "Perché questa persona è accanto a me?"

Potrebbe esserlo perché ti serve a ricordarti di essere migliore. Migliore di lui, di lei, di tutto il mondo e di ogni altro essere vivente sul pianeta terra, mica soltanto tra gli uomini e le donne. Perché tu possa chiedere e ricevere aiuto senza mai chiederlo davvero.

Farsi aiutare, ti ricordo, per te è fondamentale ma non va mai chiesto, giusto?

Chiedere aiuto ti esporrebbe e quindi meglio evitarlo: meglio creare questo meccanismo diabolico grazie al quale senza chiedere, ottieni.

Già.

Lo abbiamo già detto questo meccanismo ti rende indispensabile, ti assicura che non verrai mai ferito o ferita, abbandonato o abbandonata.

Funziona?
Piccolo spoiler: no.

E capirlo è semplice: ripensa a quando eri un bambino o una bambina. Il senso di colpa, i meccanismi di controllo che i tuoi genitori usavano con te, hanno mai funzionato? No, non hanno mai trattenuto nessuno.

Infatti te ne sei andato.

Pieno di senso di colpa ma lontano. Oppure sei restata, piena di senso di colpa ma infelice. Quindi no: non funziona. Le persone, in generale, non puoi davvero trattenerle. Può funzionare per un po' ma non regge.
Le persone ad un certo punto scelgono, liberamente. E seppur non dovessero farlo, se anche dovessero essere influenzati dalle tue parole, dalle tue strategie, non seguirebbero fedelmente il percorso che hai stampato nella tua mente. Non siamo robot, non eseguiamo comandi prestabiliti, non abbiamo reazioni prevedibili e controllabili.

Sollecitati dagli stessi impulsi reagiamo in maniera totalmente differente, imprevedibile.

Pretendere delle reazioni significa sentirsi sbagliati e colpevoli ogni qual volta qualcuno disattende le nostre aspettative.

Se è questo il tuo modus operandi tu non vuoi l'amore, non cerchi l'amore, non sei disposto/a a lavorare in una coppia per ottenerlo, vuoi soltanto la conferma di chi sei, di cosa sei, di esistere. Non vuoi qualcuno da amare e che ti ami: **cerchi solo qualcuno che non ti abbandoni.** Guarda di nuovo dentro di te, cerca le tue ferite. Devi guardare ai tuoi comportamenti, a quelli di tua madre e tuo padre, alle origini che ti hanno forgiato, al paragone costante con i tuoi fratelli, sorelle, amici. A loro che erano *sempre* migliori di te, a te che non eri mai *abbastanza*. A quanto sia diventato per te importante ricercare la perfezione: tanto importante da trasformarsi in motore di eventi fallimentari tutti uguali a se stessi.

Non uno stimolo, ma una catena.

Perché?

Perché magari un giorno hai aperto il cuore e non è andata come ti aspettavi. Perché magari hai aspettato giorni che ti scrivesse, che ti chiamasse, che tornasse ad amarti, che tornasse a volerti. Ma lui o lei non tornano, non chiamano, non sono cambiati e non ti cercano. Non si interessano degli sforzi che hai fatto, di quelli che farai, non sono interessati a diventare *migliori*. Non gli interessa che tu sia diventata *migliore*.

Migliore per chi, poi?

Devo essere dura qui: <u>**smettila di aspettare che qualcuno ti ami al posto tuo**</u>. Che qualcuno un bel giorno decida di darti tutto l'amore che tu non riesci a darti. Qualcuno che, neppure sai bene come, riesca a farti sentire la persona giusta al posto giusto.

Una sorta di mago, di prestigiatore, di illusionista capace di amarti, di tirare fuori il meglio di te e di farti capire una volta per tutte che sei nel posto giusto.

Non aspettare che qualcuno torni soltanto perché hai reagito, perché sei cambiato o cambiata, perché non sei più la stessa persona. Non cominceranno ad amarti come per magia. Cerchi di colmare un vuoto che non gli appartiene, che non potranno mai neppure lontanamente colmare.

Il tuo vuoto non è il loro posto.

Provi a sostituirli ai tuoi genitori, a chi forse non ti ha amato come doveva o non ti ama per niente, a chi ti ha ferito, e che tu finalmente - a differenza loro - credi di poter cambiare, mettere al posto giusto, con l'amore che credi di meritare, nei tempi, modi e quantità che reputi giuste per te.

Ti stai vendicando. Ti stai illudendo.
Ti stai ferendo ancora.

Dando a qualcuno un ruolo che non gli compete, mortificandolo in una battaglia che non gli appartiene, mettendo sullo stesso tavolo pedine di giochi diversi. Non sei giusto nei tuoi confronti, nei confronti del tuo passato e della persona che vorresti al tuo fianco. Tu non sei il problema, credimi. Il problema non sei tu che non sei abbastanza, fidati.

Non pensarci più, altrimenti non vedrai mai il vero problema. Il vero problema si nasconde nel fatto che tu riesca a identificare l'amore soltanto come qualcosa da mettere a posto.

Fuori di te, ovviamente.

ANCHE URLANDO E PREGANDO NON LI CAMBIERAI MAI, NÉ FARAI IN MODO CHE TI AMINO.

Così trascorri il tempo nel disperato tentativo di cambiare qualcuno che hai scelto per un qualche motivo puramente casuale. E ti ritrovi nella solitudine e nello sconforto, solo di fronte alla paura di aver sbagliato. Sei circondata da cose che non esistono: dai momenti di confusione, dalle pause di riflessione, dagli ultimatum.

Ma non sei mica in guerra.

Non sei un ostaggio, non vale la pena costringersi a vivere così. **Però una guerra c'è**, esiste per davvero ed è dentro di te: nella tua testa si combatte, ogni momento, ogni giorno e a cadere prigionieri sono i tuoi desideri. Restano bloccati, paralizzati, come durante una partita a tennis quando resti con la pallina tra le mani indeciso se battere o meno.

Aspetti ma non sai neppure tu che cosa.

Non ha senso aspettare.

Non puoi pensare di dare agli altri esattamente ciò di cui hanno bisogno, non devi pensare di dare agli altri ciò di cui hai bisogno tu.

Perché tra la realtà e quello che tu credi sia la realtà esiste un filtro potentissimo: tu.

Tu sei il filtro con il quale guardi al reale e lo confondi.

Le tue esperienza, i tuoi sentimenti, le tue emozioni, la tua formazione, la tua vita. Ogni singolo aspetto della tua vita, da quando sei nato fino al momento nel quale hai letto queste parole.

La tua vita fino a qui.

Potrai prenderti cura, potrai accudire, potrai farlo al meglio delle tue possibilità e non lo metto in dubbio. Sono certa che tu lo abbia già fatto, che tu lo stia facendo e che sia un lavoro eccellente ma questo non ti trasformerà in un mago capace di leggere nel pensiero e dare a qualcuno ciò di cui ha bisogno.

Nemmeno se lo vuoi così tanto. Perché credi che ti renderebbe finalmente felice.

<u>Prendersi cura non significa dare agli altri tutto quello che hai, in un'azione totalizzante, esclusiva.</u>

Quello che ho descritto, infatti, non è amore. È una richiesta. Una richiesta disperata che fai all'altra persona, nascondendola sotto chilometri di aspettative e chili di torte fatte in casa. Sei tu che chiedi di ricevere amore, di poter finalmente essere apprezzata/o, di ricevere applausi, complimenti, regali, riconoscimenti soltanto perché hai spostato ogni giorno il tuo confine un po' più in là. Un centimetro alla volta per accontentare i desideri dell'altro, i bisogni dell'altro, le necessità dell'altro. Tutte cose che esistono soltanto nella tua testa. Lui non l'ha mai chiesto, e tu l'hai scelto solo perché aveva bisogno di te. E se accanto a te hai, in effetti, qualcuno che ti chiede di avanzare, che lo pretende senza neppure domandarlo, se hai qualcuno che ti costringe a fare sempre un passo avanti: quella persona è tossica. Gioca con te e con la tua vita, il tuo modo di fare, solo perché gli è comodo. Perché anche l'altro crede di non essere abbastanza e nel tuo avanzare trova insoddisfazione, perdita di autostima, mancata realizzazione. Ed è proprio lì che vuole stare. Nel recinto di cui sopra. Dove nulla deve cambiare, tutto è immutabile, tutto è sbagliato e nella sua imperfezione perfetto per lamentarsi.

Potersi lamentare è fondamentale per non cambiare.

Così si crea un circolo vizioso nel quale tu fai ogni cosa, e sei elettrizzata/o nel farlo perché ti fa sentire di essere valevole d'amore. Un circolo vizioso nel quale l'altro indietreggia, senza più una strada da percorrere, dove fai tutto tu, vivendo una relazione dove il suo punto di vista non è abbastanza importante e dove non è in grado di badare a se stesso/a. Perché tu glielo impedisci. Perché tu fai ogni cosa al suo posto. Ma non ha alcun senso, non credi? Potrebbe essere il tuo compagno di banco che ti piace da sempre, tua moglie, i tuoi figli - oramai in grado di intendere e di volere - i tuoi colleghi, il tuo capo. Sei convinto di dover decidere e agire anche per gli altri, quando il tuo dovere si limita a te stesso: a decidere cosa sia giusto e cosa sia sbagliato per te. *Soltanto per te.*

In una relazione i confini sono fondamentali.

Soltanto immaginare che qualcuno possa finalmente amarti perché ti sei completamente annullato/a in cambio d'amore è un suicidio emotivo.

Fare tutto per tutti non ti renderà amato, non è un'equazione.

Non è sufficiente salire sulla croce e chiedere di iniziare pure con i chiodi, la corona di spine e tutto il resto.

Se non è bastato al figlio di Dio per farsi amare dall'umanità intera, non riuscirà di certo a te.

Ma tu non vuoi più farti crocifiggere, giusto? Vuoi invece provare a capire dove risieda il vuoto dentro di te e che stai cercando inutilmente di riempire. Ed è questo che stiamo facendo, piano, piano. Se la persona che stai frequentando ti piace, credi di amarla, ma credi che non si comporti come vorresti; se ti ferisce, se non è *esattamente* come te la immaginavi, ti dico una cosa: sei tu a non essere ancora pronto/a per una relazione.

Né con questa persona, né con un'altra.

Non adesso, non ora, non in queste condizioni, non così. Perché non potrà funzionare. Quella persona non è come vorresti. Non piace a tua madre. Non convince tuo padre. Non c'è quando vorresti festeggiare. Ti lascia solo/a. Ti ha costretto a rinunciare a tutto e tutti soltanto per avere del tempo per sé.

Scuse, tutte scuse.

Non è questo il motivo per il quale non ha funzionato, non può funzionare, non funzionerà. Sei tu a non volere quella relazione, quella e neppure un'altra. Vediamo: mettiamo che io abbia ragione, e che tu non voglia una relazione, bensì solo essere amato/a.

Se così fosse, cosa faresti?

Crederesti che parlando, urlando, scrivendo, spiegandoti, riusciresti a far cambiare idea alle persone. A convincere anche chi non ti ama a prendere quell'unico posto accanto a te. Una persona a caso, scelta perché magari quel pomeriggio ti sentivi fortunato/a, una persona che ancora non sa, di essere stata scelta con un unico scopo: darti tutto l'amore che desideri. Credi che basti spiegare cosa sei e cosa vuoi e le persone magicamente inizieranno ad amarti. Per questo non ti risparmi, ti infili in spiegazioni lunghe, messaggi infiniti, continui a insistere perché credi che se quella persona finalmente capisse chi sei veramente non potrebbe fare altro che amarti. Sei già pronta (o pronto) a convincerla che tu rinuncerai a tutto, che non avrai mai bisogno di niente, che ti accontenterai. Pur di averla accanto. Continui a dimenticare che tu non sei l'altra persona. Che non puoi fare niente per farti amare, che non devi farlo.

Tu non puoi convincere nessuno ad amarti.

Né chi ti ha lasciato né chi non hai ancora incontrato.
Non è così che funziona l'amore. Per questo non sei pronto/a per una relazione, *perché ancora non sai cosa sia l'amore*. Cerchi qualcosa che non c'è, cerchi nel posto sbagliato, in quel cassetto non troverai mai le chiavi che non c'erano un minuto fa, figurati ciò di cui hai bisogno.

Amore significa accettazione, arrendevolezza e passione.

L'accettazione di sé e dell'altro, l'arrendersi al sentimento e la passione nel costruire giorno dopo giorno ciò che fino a un giorno prima era solo nostro: la vita.

Da dove cominciare? Da te. Sei tu la prima persona che devi amare nella tua vita. Guardarla dentro di te con accettazione, arrendendoti a chi sei e a i tuoi sentimenti e con passione accompagnati ogni giorno a raggiungerla: guarda dentro di te e proteggiti, accarezza il tuo cuore e ditti una cosa soltanto: *ti amo. Sei la persona più importante della mia vita.*

DEGLI ALTI E BASSI

So di non aver minimamente ancora scalfito la tua parte giudicante, eccola qui: tu credi di non essere più in tempo, che ormai quello che è fatto è fatto, che se potessi rinascere mi daresti retta, che suggerirai questo libro a quella tua amica più giovane, a tuo figlio, al tuo collega, perché potrebbe funzionare con chiunque ma non con te. Per te è tardi e preferisci restare a soffrire. Tu, oramai, sei fatto così, quello è il tuo carattere, sei in una coppia e non vuoi mica buttare tutto all'aria. Le tue amiche sono più felici perché sono state più fortunate, i tuoi figli oramai sono grandi, i tuoi genitori sono vecchi. Non c'è più niente che tu possa fare, non te ne puoi andare, non puoi cambiarli e non puoi cambiarti. L'ho detto persino io. Ripeti che se te ne andassi da un'altra parte non troveresti nessuno che ti voglia, nessuno con il quale trascorrere il tempo, *vivere*. Ti dici che tutto sommato la situazione ha solo degli *alti e bassi*, che è normale. Quante volte ho ascoltato questa frase e quante volte l'ho ripetuta io stessa, ti capisco, ma non è così.

Una relazione non ha alti e bassi. Una famiglia non ha alti e bassi.

Con questo non ti sto dicendo che la vita non ci riservi delle sorprese, anche tanto difficili da affrontare. Vivrei su di un altro pianeta se la pensassi così, al contrario voglio solo invitarti a pensare alla coppia, alla famiglia, alle relazioni - in generale - come qualcosa che si è scelto. E se si è scelto di stare con qualcuno, di condividere la strada, di andare da qualche parte, di inseguire un lavoro, di progettare un sogno, credo che anche le difficoltà debbano fare parte degli *alti*. Nel nostro cuore, nei nostri pensieri, anche quando incontriamo un problema, dovremmo vederlo come un'occasione per essere quello che siamo, per inseguire quello che abbiamo scelto, per vivere la coppia che abbiamo creato.

Ogni occasione è l'occasione per ricordarsi chi siamo, per veder realizzata la propria essenza, per giocare con il nostro essere e plasmarlo come meglio possiamo. Adattandoci alla realtà, alle sue esigenze, all'altro e ai suoi desideri, ai nostri fratelli, sorelle, genitori. Tenendo ben salda l'idea di noi stessi.

So cosa stai pensando: che tutto questo è un'utopia, che ci si deve solo accontentare perché una famiglia ha tanti pregi e *cosa saranno mai quei due, tre difetti*. Ne sei sicuro?

SII CHIUNQUE TU VOGLIA ESSERE.

Questo non significa accontentarsi. Quando parlavo di adattarsi, intendevo invece: il compromesso. Perché *nella vita bisogna compromettersi, non accontentarsi*, non si è soli in un castello nel bel mezzo del nulla. Ci sono le nostre esigenze e quelle degli altri, i nostri desideri e quelli del nostro compagno d'avventure. Nella vita ci si viene sempre incontro: si decide chi porterà giù la spazzatura, chi dovrà accompagnare il cane a fare una passeggiata, chi terrà i bambini, chi si occuperà di chi sta male. Nella gioia e nel dolore, in tutte le situazioni. In quei famosi *alti e bassi*, che tali non sono.

Ci si viene sempre incontro.

Ma no, *non ci si accontenta*. Non è necessario.

Ancora una volta devi sostituire qualche parola, buttare giù il velo che non ti lascia osservare le cose per quelle che sono. Perché se ti stai accontentando, se i tuoi non sono compromessi ma sacrifici, se ti stai mettendo da parte per l'altro, se stai indietreggiando troppo, se stai avanzando troppo occupandoti di tutto, allora ne abbiamo già parlato: sei in una situazione che ha un solo nome, una relazione tossica. E tu potresti infilarti in una relazione del genere anche con te stessa (o te stesso), non rispettandoti, non lasciandoti la possibilità di assumere la forma che preferisci ma limitandoti ad un disegno ormai sbiadito che non ti appartiene più. Non farlo. Quella che stai sprecando è la tua unica vita e di questo devi tenere conto. Quando qualcosa è *difficile* e la *difficoltà* è la tua capacità di prendere delle decisioni sensate, allora questa cosa non è difficile: **è solo impegnativa.** Vedi le parole come cambiano la percezione? Una cosa impegnativa non è una cosa impossibile, irrealizzabile, irraggiungibile, no. Una cosa impegnativa è solo una cosa che richiede impegno, tutto qua. Impegno per te, per le persone a cui vuoi bene, per i tuoi desideri, sogni e obiettivi.

Non ho mai detto che sarebbe stato facile ma che è bellissimo riscoprirsi liberi.

Non puoi e non devi più neppure immaginare di trascorrere anche soltanto un giorno della tua vita, così preziosa e unica, insieme a qualcuno che non vuoi, che non ami, che non ti vuole o che non ti ami. Non puoi e non devi neppure immaginare di trascorrere anche soltanto un altro giorno in quell'ufficio che non ti piace, svolgendo un lavoro che non ti rende felice, accettando sacrifici che tradiscono te stesso e quello che sei.

Immagina di avere un foglio e delle forbici e di tagliare un quadrato. Immagina di guardarlo. Cos'è? Un semplice quadrato se lasciato sul tavolo. Quella è la sua natura e pare impossibile fargli cambiare faccia. Ma se tu decidi di farne un origami vedrai moltiplicarsi all'infinito le sue forme. Come puoi dare a quel foglio infinite possibilità di essere, immagina quante cose potrai fare con te stesso/a.

Che non sei un foglio ma un essere umano.

Che non sei piatto e sottile ma hai già mille sfumature, emozioni e desideri dentro di te. Vedi? Ci sono infinite possibilità di essere felice e ti stanno aspettando **al di là della paura.**

DEL LASCIARSI

Se è difficile accettare di dover andare via, uscire da una relazione sbagliata, tossica, che non ci appartiene, sarà ancora più difficile accettare che qualcuno abbia deciso di andarsene prima di noi. Magari senza lasciare spiegazioni, senza dire una parola. Oppure ce lo ha spiegato, ma abbiamo fatto finta di non capire, non vedere, non sentire. Ci siamo ostinati nell'inseguire qualcosa che non c'era più e anche adesso che è finita rileggiamo i messaggi, ripensiamo alle cose dette e non dette, a quelle fatte e alle altre che avremmo voluto fare. Continuiamo a vivere immaginando di avere accanto una persona che non c'è, fingendo e ingannandoci di far parte ancora di una vita che non solo non ci appartiene, ma che non ci sfiora neppure.

Dobbiamo partire da noi stessi se vogliamo che le cose cambino davvero e smettano di farci del male.

Chiediti: "Sono ancora in grado di perdonare?"

Guardandoti allo specchio riesci a mettere da parte la tua delusione, la rabbia, lo sconforto e perdonarti?

<u>Perché per perdonare qualsiasi altra persona devi essere prima capace di perdonare te stesso.</u>

Come si fa a perdonare? Come puoi perdonare? Andando oltre il fallimento, il proprio innanzitutto: quello degli altri arriva in un secondo momento. Ed è per questo che quando ti dico di perdonare, t'invito a perdonare prima te stesso/a. Di affrontare prima te stesso. Da lì bisogna iniziare. Dai propri fallimenti. Perché tu pensi di aver fallito, non è vero? Non puoi accettare che ciò che hai fatto, scelto, che ciò che sia accaduto in un determinato momento, qualcosa che potrebbe addirittura star accadendo proprio adesso, in questo istante, è l'unica possibilità che avresti potuto scegliere tra le mille infinite possibilità, vero? Ma ormai lo sai, il tempo non esiste: non c'è altro momento che questo momento, le tue capacità decisionali sono (e sono sempre state) al massimo delle proprie potenzialità, hai sempre scelto come meglio potevi, hai sempre fatto del tuo meglio. Ora lo sai. Non farti vincere dalla paura, è la paura di cambiare che ti dice che questo non è vero. E a te non sta più bene essere assoggettata/o alla paura, lo so. Il ruolo che hai potuto interpretare finora è uno solo: la vittima. La vittima è l'unico personaggio che tu ti sia permesso/a di svolgere fino in fondo.

Quale ruolo è più stabile, prevedibile, ripetitivo se non quello della vittima?

Non fa nessuna paura no?

E poi ogni vittima ha un suo carnefice: c'è sempre il cattivo di turno, il mostro, il nemico, colui che non ti permette di essere libera, che non ti lascia vivere, che ti impedisce di essere felice.

Il carnefice ha sempre la colpa.

Quella colpa che tu non hai. Mai.

Viviamo in una società che ci aiuta a diventare vittime.

Le vittime restano in silenzio, non si ribellano, al massimo piangono e si lamentano. Le vittime non portano cambiamento, non innovano, non chiedono niente. Solo di essere capite, comprese, compatite: come te.
Sono facili da governare le vittime.

Vuoi essere ancora una vittima ora? **O prenderti le tue responsabilità?**

La colpa è tutta nella tua testa e ti aiuta a creare mondi che non esistono. *Proprio come quando non riesci ad accettare che le cose siano finite tra voi, andate come dovevano andare.* Non hanno funzionato, dici. Ripeti che vi siete lasciati e le persone ti chiederanno presto o tardi "di chi è la colpa?" Risponderai *la sua*, se vorrai vestire i panni della vittima. *La mia*, se vorrai crogiolarti nel senso di colpa. Ma se voi non vi foste *lasciati*? Se come tutti gli esseri umani fanno prima o poi: *aveste solo cambiato idea?* Perché le cose non vanno sempre come avevamo immaginato.

SE SOLO COMINCIASSI A DIRE "ABBIAMO CAMBIATO IDEA" INVECE DI "CI SIAMO LASCIATI".

Pensaci ogni volta che dici *ci siamo lasciati*. Ma lasciati dove, di preciso? Dov'è che sei adesso? In quale luogo o punto sei stato lasciato/a.

Se me lo dici, giuro che vengo a prenderti. Dammi un indirizzo, mandami la posizione, fammi capire dove sei.

Non me lo dici perché non puoi.

Non puoi perché il luogo in cui vi siete *lasciati* non esiste nello spazio, ma solo nel tempo.

Vi siete lasciati in un punto del tempo, non dello spazio.

Ed è proprio per questo motivo che fa così male. Perché sei rimasta/o ancora lì, in un punto che non può più esistere perché appartiene al passato.

Tu ora, sei insieme alla mela.

Ma non devi, perché al contrario della mela, che è solo un ricordo, tu appartieni all'oggi e devi smettere di chiederti cosa avresti potuto fare o dire di diverso. Devi smettere di immaginare *come sarebbero andate le cose se…*

Le cose non potevano andare in nessun altro modo.

Lo ripetiamo ancora una volta:

le cose sono andate nell'unico modo possibile.

Quello che hai già vissuto, che è nel passato e che non esiste più. Dai tregua alla tua mente, rendi onore alle tue scelte: sono state l'unica cosa che potevi fare in quel momento. Non ora, non con la consapevolezza del futuro, non in un altro modo, in un altro tempo, come se fossi una persona diversa. In quel momento, con quelle esperienze, era tutto ciò che potessi fare. Devi fare pace con questo concetto. È tuo compito. Ora che non state più insieme, non sei immobile e sei ancora in vita.

Perché nessuno è fondamentale.

L'unica persona fondamentale sei tu, l'unica persona senza la quale non potresti vivere sei tu, tu e nessun altro. Quindi, se per caso invece ci stai ancora pensando, se c'è in effetti qualcuno accanto a te proprio in questo momento e lo guardi e credi che non ci sia più niente da dirsi o da fare, ascoltati. Non pensare neppure per un istante che *vi stiate lasciando*.

Perché le persone non si lasciano, così come le persone non si appartengono.

Al massimo le persone si scelgono.

Ed è una scelta che va fatta tutti i giorni, tutte le mattine, tutte le sere, nel bene nel male, con i soldi o senza, con la speranza o senza, ma si scelgono. Con i figli, senza figli, con gli amanti, senza amanti, con gli amici, senza amici, con la famiglia, senza famiglia. *Scegliersi, nient'altro.*
Perché due persone che stanno insieme e dividono la propria strada hanno scelto di starsi accanto, hanno scelto di farsi compagnia, hanno scelto di aiutarsi, hanno scelto di rendersi felici, hanno scelto di amarsi.
Tutto il resto non esiste, non conta. E se ancora ti stessi chiedendo:

cosa succede quando non ci si sceglie più?

Ebbene: non ci si lascia, si cambia solo strada.

E non hai bisogno di nessuna chiusura definitiva, ma soltanto di cambiare strada. Di andartene. Hai bisogno di chiudere, ma dentro di te e non fuori di te. Di chiudere per davvero, accettare che quel tempo sia finito, che quella persona non ci sarà più. Non hai bisogno di *chiudere definitivamente* con nessuno. Se una storia è finita, se un amico è sparito, se la persona più importante della tua vita si è allontanata, se qualcuno ha *cambiato idea,* non hai bisogno di rincorrerla per dirgli - e dirti - che dovete chiudere insieme. Non è quello che stai cercando, non è di una chiusura definitiva ciò di cui hai bisogno.

Quando dici a te stesso che hai bisogno di chiudere, in realtà vuoi solo risposte.

Perché mi hai lasciato? Perché non ero abbastanza? Perché non andavo bene per questo lavoro? Perché non vuoi più parlare con me? Perché non vuoi più essere mio amico? Perché sei sparita? Perché non mi chiami? Perché non mi hai cercato più? Perché non ti sei fatta più viva? Perché non mi dai un'altra occasione? Una collezione infinita, senza risposta. Vuoi solo sapere perché. Sei convinto che se potessi parlarci ancora capirebbero. Addirittura speri che forse guardandoti potrebbero cambiare idea, rendersi conto di aver commesso un errore. Che il solo fatto di vedersi possa aiutare a ricordare, a ricostruire il vostro rapporto, ricordarsi quanto eri magnifica /o. Che tornerete l'uno nella vita dell'altro. E perché lo pensi? Perché la tua paura più grande non è il non poter più frequentare quella persona, lavorare in quell'ufficio, bere una birra con quel tuo amico, confidarti, ascoltare, parlare, ridere. No, la tua paura più grande appartiene al ricordo.

Tremi all'idea che allontanarti abbia significato dimenticarti.

Hai una paura tremenda di essere o diventare solo un'ombra.

NON ESISTE NESSUNA CHIUSURA DEFINITIVA DELLA QUALE TU ABBIA BISOGNO.

Il tuo pensiero più doloroso è che lui/lei si sia già dimenticato di quanto fossi capace, quanto fosse bello ridere con te, stare con te, parlare con te. Hai paura che il tuo capo abbia già dimenticato quanto il tuo lavoro fosse egregio, indispensabile, fondamentale, di quanto fossi preparato/a nel settore, di quanto fossi veloce nel risolvere i problemi, di quanto fossi utile, attento/a, dell'importanza dei tuoi giudizi, consigli, pensieri. Hai paura che tutto questo possa sparire, che i tuoi pregi vengano dimenticati, che quanto fatto di buono sia svanito.

Perché spariresti anche tu.

E hai la certezza che rivedendovi, parlandone, tutto questo tornerebbe alla luce, chiaro ed evidente, l'altro ammetterebbe e riconoscerebbe all'istante l'errore.

Il tuo posto sarebbe salvo. Il tuo ricordo anche.

Ma non è realtà. E la ragione non è quella che credi: non perché tu non valga abbastanza. Non è tua la colpa di chi non resta nella tua vita, non è tua la colpa di aver cambiato lavoro.

Tu sei perfetto (e perfetta) e meritevole di tutto l'amore possibile.

E questa è l'unica cosa alla quale tu debba pensare. Ogni mattina. Ogni sera. Respira e ricorda che sei meritevole di ogni goccia d'amore nel mondo.

Il giorno nel quale hai preso vita, avevi già dentro di te ogni possibile felicità, ogni capacità, ogni caratteristica, ogni pregio, ogni gentilezza, genialità, coraggio, tassello per raggiungere ed essere tutto ciò che desideri. Se non è tua la colpa, di chi è? La loro? Nemmeno la loro.

Non c'è nessuna colpa.

E il motivo per il quale quelle persone non fanno più parte della tua vita è che *non erano le tue persone.*

<u>Non erano le tue persone.</u>

Ripetilo ancora.

Non erano le mie persone.

Non hai bisogno di sentirti dire niente da loro perché non è un chiusura che cerchi ma un amore incondizionato, l'accettazione sopra ogni cosa e una gratificazione per ogni sforzo che tu abbia fatto. E queste cose c'è una sola persona al mondo che possa dartele: tu. E abbiamo già cominciato a capire come, giusto? Ascoltandoti, leggendo dentro di te da dove partono le emozioni, perdonandoti, scoprendo piano piano chi sei e come sei e, ora abbassando, il senso di colpa. Smettila di soffrire ancora, tutti i giorni, se quella persona non c'è più, se ha scelto di poter fare a meno di te. Non ti ama, è una certezza, una realtà. Lo sai tu, lo sanno le tue amiche, i tuoi amici, persino tua madre te l'ha detto. Lo sanno tutti e lo sai anche tu. Non ti ama, non ti vuole e non vuole stare con te.

E allora perché soffri ancora?

Perché credi che sia tua la colpa, che avresti potuto fare qualcosa di diverso ma non è vero. Non dipende da te, non puoi cambiare quello che c'è dentro la testa di qualcun altro. Anche se alle volte ti pare possibile, non lo è.

Anche se alle volte hai convinto o ti è sembrato di averlo fatto, sappi che non è così.

Le persone non si convincono, neppure assumendosi delle colpe che non esistono. Ripeti con me: *non è colpa mia.* **Non è colpa mia.**

NON È TUA LA COLPA DI CHIUNQUE NON TI AMI O NON TI ABBIA AMATO.

Non lo è e non lo sarà mai. Non è colpa tua e non puoi farci nulla anche se vorresti. Anche se hai scelto quella persona e ora non vuoi dover ricominciare da capo. Anche se credi di amarla. Vero, può essere frustrante e il solo pensiero di ricominciare fa venire i brividi.

Mi torna in mente *Scusate il ritardo* (un film di e con Massimo Troisi, pace all'anima sua), la scena in cui Tonino si ritrova a immaginare un nuovo inizio: dopo giorni di pianti, lamenti, disperazione, dopo essersi chiesto dove avesse sbagliato e cosa avesse fatto di male, convinto dagli amici, prova ad andare avanti. E dove si ferma? Subito. Si ritrova a pensare alla *salsa con le pellecchie* (che sarebbero le bucce dei pomodori). A lui non piace, non gli piace il sugo fatto in quel modo e prima di convincere la sua ex fidanzata a prepararlo diversamente ci ha messo mesi. Ora, l'idea di ricominciare con un'altra, mangiare per mesi e mesi le *pellecchie*, prima che questa impari, gli fa passare tutta la voglia.

La sola idea di ricominciare, di spiegare, di capire un'altra persona mette i brividi.

Ed è così, ognuno di noi ha le proprie *pellecchie* e stare insieme a qualcuno significa capirsi un po' per volta. Perché siamo due estranei, ricordi? Però è anche questo il bello, sperimentare, imparare, costruire. Allora smettila di lamentarti, smettila di nasconderti dietro un amore che non esiste più (è mai davvero esistito?). Sono paraventi, difese.

Non dire mai che non potrai amare nessuno come hai già amato.

Quello è l'inconscio. E cosa gli diciamo noi all'inconscio? *Not today*. L'amore è leggero, lieve e gentile. Deve far sentire pieni e non vuoti e io, che l'ho incontrato dopo essermi fatta del male in ogni modo possibile, te lo posso giurare. Sono stata tradita, sono stata abbandonata, sono stata ferita prima di arrendermi, ma mi sono arresa. Ho abbandonato la presa, ho lasciato la nave e non ho provato a tenere insieme i resti di una storia finita male. Ho soltanto custodito i cocci (perché quei cocci *ero io*).

E inaspettatamente qualcuno se n'è innamorato.

Qualcuno che da quel giorno non mi ha lasciato andare nemmeno per un secondo. Nemmeno uno. Qualcuno che ha preso i miei difetti e li ha resi gioielli. Qualcuno che ha visto le cose belle di me e le ha considerate eccellenze. Qualcuno che guarda tutto ciò che faccio, dico e penso con tenerezza, comprensione e rispetto. Questo è l'amore. E tu lo sai. Soltanto che ancora non lo vuoi. Perché? Perché sei ancora come Tonino. Sei ancora qui a chiederti perché ti abbia lasciato quella che faceva il sugo sbagliato. Allora forse è meglio fare ancora qualche passo in solitudine e capire insieme che non c'è niente da sapere, niente da capire, niente da scoprire. Nessuna verità che ti cambierà la giornata, nessuna scoperta incredibile che finalmente ti renderà tutto chiaro.

Ho esordito dicendo che questo non è un libro di magie. Ma tu ne stai già facendo una, piano piano.

E ora vediamo come.

SAPERE I PERCHÉ DI QUALCUNO NON RENDERÀ PIÙ ACCETTABILI LE SUE AZIONI.

Sapere non risolverà le tue paure, allora fatti un favore: smetti di chiedere. Smetti di ripetere a te e a chi ti sta intorno che "hai solo bisogno di sapere il perché". Tu non hai bisogno di sapere il perché, non è quello che stai chiedendo realmente. Stai nascondendo ancora una volta la tua paura di non valere abbastanza e confrontarti con chi ti ha ferito, chiedergli perché l'abbia fatto ti serve per assecondarla. Abbracci la paura del non essere e speri che quel confronto serva a smentirla. Anzi, ti aspetti che quella persona - che ha già detto di non amarti, che ha già dimostrato di non voler stare con te - ti dica che amarti è possibile, è facile, è bello. Ma non ti accorgi che sia la persona meno adatta allo scopo. Se pure fosse giusto chiedere a qualcuno, lei o lui, sarebbero le ultime persone da interpellare.

Non esiste nessuna *chiusura*, nessun *discorso finale* perché non siamo in un film, non c'è bisogno del colpo di scena, non c'è bisogno di un dialogo d'autore che strappi qualche applauso.

Non esiste confronto che possa curare le tue ferite.

Il massimo che potrebbe fare l'altra persona è dirti *Lo so che è colpa mia* e poi aggiungere frasi come *ma non posso farci niente*. Capita a tutti e fa un male cane. La tua vita è tua responsabilità e per cominciare a guarire devi decidere di voler guarire. Smetti di guardare le cose accadere e chiediti: *"Perché mi sento così? Perché questa cosa mi mette tanta paura? A chi devo dimostrare cosa?"* La risposta giusta è: a nessuno, te lo dico io. Ma prima di arrivare a quella risposta devi capire perché lo stai facendo e so che hai ogni modo per riuscirci. Questo è il tuo piccolo miracolo, la tua magia di oggi.

E l'altro?

La sua strada e la sua battaglia non hanno più niente a che vedere con la tua. Non più.

E per tua scelta, non sua.

DEL DESIDERIO DI PIACERE

C'è qualcosa che accomuna le pagine che abbiamo attraversato, un senso generale che lega me, te e tutti quelli che leggeranno questo libro. Una frase che ci ha accompagnato, una convinzione che spero abbandonerai prestissimo (se non l'hai già fatto, e in quel caso sono orgogliosa di te).

Il tormentone che attraversa i secoli: *"Se piaccio agli altri, allora vado bene"*.

Ma esiste davvero qualcuno o qualcosa che possa piacere a tutti? No. C'è sicuramente qualcosa che ti piace più di ogni altra, qualcosa che reputi in assoluto la migliore, la più buona, la più bella.

Qualcosa che, secondo te, avrebbe dovuto incontrare l'apprezzamento di chiunque.

Ma scommetto che tu avrai già incontrato almeno una persona che ti abbia detto "a me non piace".

"Com'è possibile?", ti sarai ritrovata a pensare.

"Quella è la cosa in assoluto migliore al mondo e a te non piace, cosa ti salta in mente?"

Lo stesso che penso io quando qualcuno mi dice che non gli piace il gelato. *Rendiamoci conto*, esistono persone alle quali il gelato non piace.

Per piacere a tutti neanche nascere gelato sarebbe stato sufficiente.

Perché ci sono mille gusti, c'è chi preferisce quelli alla frutta (*pazzi*), chi le declinazioni del cioccolato, chi le creme con dentro i pezzi di cose (*io*) e c'è chi lo detesta in qualsiasi forma, gusto e colore. Perché quello che piace a te non piace necessariamente agli altri. Perché quella è la tua verità, non quella degli altri.

Non c'è niente di assoluto, neppure il gelato!

Questo lo sai, razionalmente, ma continui a pensare che se non piaci a tutti allora ci debba essere qualcosa che non va in te.

"Possibile che nessuno trovi qualcosa di interessante in me?" è la domanda che ti fai e ogni volta trovi una risposta diversa. Prima è colpa del naso: magari è troppo grande. Poi sono i soldi: troppo pochi. Forse invece non sei tanto intelligente. Oppure nelle relazioni pretendi troppo (o troppo poco, ti svaluti) e gli altri scappano. Addirittura le tue amiche hanno smesso di chiamarti, non escono più con te perché sono molto più belle.

Loro vanno in palestra, tu non ci vai.
Loro sono single, tu non lo sei più da un pezzo. Loro non hanno figli, tu sì.
I tuoi amici vanno a giocare a calcio ma tu no perché non ne sei capace.
Loro vanno in discoteca ma tu non sai ballare.
Loro si divertono e tu no.

Agli altri riesce ogni cosa, lavorano, studiano, fanno tutto meglio di te. Loro piacciono agli altri, loro sono felici.

Ci sono altre false visioni della vita che vuoi inventarti per convincerti che fai bene a non uscire dal tuo piccolo guscio di noce? Inventi ogni giorno una verità, trovi qualcosa che non fai e che dovresti fare, qualcosa che non hai e che dovresti avere, qualcosa che non sei e che dovresti essere. Ti ripeti che hai perso in partenza, che non li raggiungerai mai: perché finché non ti rifarai il naso oppure guadagnerai di più o seguirai quel corso di specializzazione o cambierai il tuo guardaroba o i tuoi figli saranno grandi o incontrerai qualcuno che valga la pena, fino a quel momento non ci sarà niente che tu possa fare se non startene dove sei, di fronte a un muro bianco, a lamentarti.

Malissimo.

Niente delle ultime righe è vero, niente di tutto ciò che ti ripeti fino alla nausea esiste e non cominciare neppure con le solite "ma io, ma lui, ma loro, ma lei…" perché se sei arrivato o arrivata fin qui è perché ciò che leggi ti sta *risvegliando*. Nulla di quello che pensi su di te è vero, niente di quello che immagini sugli altri è vero.

Tu non sei così *male*, loro non sono così *bene*.

La realtà che hai dipinto è ingiusta nei tuoi confronti ed eccessivamente clemente nei loro. Ma degli altri, credimi, non deve importatene. Quando ti ripeti di dover piacere a tutti, quando ti preoccupi dell'opinione di chiunque, quando ti confronti con Tizio, Caio e Sempronio in realtà hai in mente una persona specifica. Tu non vuoi piacere a tutti.

Tu vuoi piacere a tua mamma o a tuo papà che non ti hanno mai fatto sentire abbastanza e non ti hanno mai dato un posto dove appoggiarti.

Così non hai mai avuto modo di capire quanto valessi, se non negli occhi degli altri. E sai una cosa? Tu vivrai molto più a lungo di loro e non potrai fargli cambiare idea. E ne sai un'altra?

<u>La loro approvazione non ti serve, la tua sì.</u>

L'abbiamo visto nei precedenti capitoli: imparare a non controllare gli altri, ad ascoltare se stessi, a saper lasciare andare. Loro non sono due persone qualunque, ma tu dovrai imparare a reagire allo stesso modo.

Disinnesca le aspettative. Smettila di agire per renderli felici.

Insegna al tuo inconscio a prendere un'altra strada. Nella vita ci sono, e ci saranno sempre (tutti i giorni), persone con le quali ci troveremo a condividere tempo e spazio ma non per scelta. Magari persone che dovranno far parte della nostra vita ma che avremmo tanto voluto non incontrare mai. Hai preparato delle immagini chiare e definite di come siano fatte queste persone, di come ragionino, di come scelgano e perché scelgano A al posto di B. Quelle persone diventano pezzettini di te, delle tue idee e credi di averli *capiti*. Pretendi, con il tuo ragionamento, con il tuo arrovellarti, con quella fatica immane che fai ogni volta, di comprendere gli altri attraverso la tua esperienza e le tue conoscenze. Come se gli altri fossero fatti della tua stessa *esperienza.* Questo in realtà lo fai con chiunque, non solo con chi ti fa sentire a disagio ma c'è un motivo se ho parlato di loro. L'ho fatto per renderti più chiaro che in realtà tu non ti interroghi su gli altri, tu non ti interessi delle opinioni altrui, altrimenti sapresti mettere sulla bilancia sia chi pensa bene di te sia chi ne pensa male, fin quasi ad annullare il conto. Tu ragioni, indaghi, ti stupisci perché cerchi un'altra verità.

Dov'è che ho sbagliato? Perché sono sbagliata (o sbagliato)? Perché quella persona non mi ama? Perché quella persona non mi parla? Cosa posso fare per non farmi odiare? Come posso farmi apprezzare anche da chi parla male di me?

Sono domande che ti ricordano qualcosa, giusto? Questo è il motivo per il quale ho iniziato parlandoti di persone con le quali non vai d'accordo. Ma è un ragionamento che puoi applicare a chiunque. Cerchi sempre di piacere agli altri e quando non ci riesci queste domande, questi dubbi, che nascono e vivono in modo per lo più a sé stante, diventano di fuoco e salgono alla gola. Le domande che ti fai sono sempre le stesse. Non cerchi la verità, non stai indagando su plausibili motivi di incomprensione:

hai già dato per scontato che l'errore sia loro ma la colpa sia tua.

Le domande che ti fai sono sempre le stesse di quando andavi a scuola e ti chiedevi "Perché non mi vogliono? Perché lei non vuole essere mia amica? Perché lui/lei non mi parla?".

E la risposta è una sola: **perché tu non ti vuoi.**

Ma questa non è la risposta a nessuna delle tue domande. Questa è la risposta all'unica domanda che dovresti porti e che non ti fai mai. Butta nel cestino tutte quelle che hai letto fin qui e che ti fai di solito, cancellale da questo libro con una penna, eliminale dalla tua mente e chiediti soltanto.

"Perché questa cosa mi fa soffrire?"

Non è importante chi c'è dall'altra parte, qual è la natura di chi ti *odia*, degli haters che hai collezionato, quanti sono e da dove vengono, la loro reputazione o come ragionano. Chiunque siano, qualunque sia il loro numero, qualsiasi la loro faccia, la domanda da porti è sempre la stessa, come è identica la risposta. Quello che conta è sapere a che punto sei con te stessa, non quello che pensano gli altri. Quello che conta è capire perché tu stai ancora soffrendo e cosa stai facendo della tua giornata, in questo momento, proprio ora. Quello che conta è avere consapevolezza di te, mentre respiri. *Perché stai respirando, sì?* So che non te ne accorgi mai. Devi avere chiaro a che punto sei nel considerarti *unico e perfetto, senza riserve.*

Unica e perfetta, senza riserve.

Altrimenti resterai sempre a ragionare su qualcuno, a dare tempo ed energie a chi esiste solo nella tua testa togliendole alla persona più importante di tutte: te stessa.

NON SONO TUE LE LORO MELANZANE.

Il cuore della faccenda è sempre lo stesso: c'è qualcuno che ti fa arrabbiare, ti intristisce, ti umilia oppure ti fa vergognare. E tu non lo puoi sopportare. Prova a immaginare la vita come un grande supermercato nel quale tu sei l'ultimo cliente che ha appena attraversato la porta automatica. Davanti a te ci sono infinite possibilità, negozi di ogni tipo, merce di ogni specie, ci sono opportunità per tutti i gusti e per tutte le tasche. Tu però non conosci ancora cosa vuoi, non sai cosa cerchi, sei appena arrivato ed è giusto che ti venga dato il tempo di capire, di valutare, di scegliere. Gli altri, quelli che interagiscono nella tua vita, sono un po' come i commessi, i responsabili, gli addetti alle vendite di tutti quei negozi che hai di fronte. Non puoi acquistare da tutti, non puoi acquistare tutto. Dovresti spendere più di quello che hai, dovresti consumare tutta la tua energia perché la moneta di scambio è fatta di amore, emozioni, tempo. Non puoi neanche pensare di entrare in un negozio e soltanto per il fatto di esserci entrato compri qualcosa solo per non disturbare inutilmente la commessa o il commesso. Ti ritroveresti con una serie infinita di cianfrusaglie, cose di poco conto, comprate solo per non scontentare l'altro, ma che in realtà non ti servono. Ti è capitato di farlo perché volevi piacere a tutti i commessi che ti hanno salutato con gentilezza. Sei convinto che se non lo avessi fatto, ti avrebbero trattato con sufficienza. Mettiamo pure, allora, che lo facciano. Cosa ti succede? Ci resti male. Anche solo per un istante. Anche solo perché ti ripeti che "Non è giusto". Non pensi che quel venditore, lo stesso che fino a un attimo fa ha provato a venderti la qualunque, abbia fallito. Non è riuscito a farti apprezzare per forza quel che c'era nel suo negozio. Perché? Perché tu sei in pieno controllo di ciò che ti piace e di ciò che non ti piace.

Ma non ti basta.

Quando ti accorgi che ti guardano male, che ti rispondono con freddezza, quando intuisci che potrebbero aver cambiato idea su di te, allora senti lo sconforto o la rabbia crescere, la tristezza invaderti, la frustrazione bruciare. Perdi il controllo? Può darsi. E invece di uscire dal negozio fregandotene, inizi a dare la colpa a chi sta di fronte: ti hanno ferito, ti hanno colpito. E ripeti frasi come "Dovrebbero dirmelo in faccia quel che pensano di me", "Perché nessuno è venuto a dirmelo?", "Loro dicono di me questo e quest'altro ma non è vero niente", "Se lui (o lei) si comporta in questo modo è normale che io reagisca così" oppure "Lo faccio solo per i bambini". Ma c'è solo un bambino che stai cercando di proteggere e giustificare: tu.

Quello che gli altri dicono di te non deve farti soffrire.

Non li devi guardare per cercare di capire come fare per rimetterli al loro posto. Non devi preparare nessuna sfida e nessuno scontro. Sei tu che devi guardarti allo specchio e capire se sei nel posto giusto, con le persone giuste e nel negozio giusto. Nessuno mai ti ha costretto a comprare quel vestito, quelle scarpe o quelle melanzane. Potresti non avere voglia di melanzane. E se non ce la dovessi avere *benissimo*, vattene! Non lasciarti condizionare da chi non ti conosce, anzi non conosce neppure il contesto, tutto quello che ti sta attorno e dentro la testa. Dalla commessa, al responsabile del negozio, da tua madre fino alla zia di quarto grado, ci sarà sempre qualcuno convinto di sapere cosa sia giusto o meglio per te, ci sarà sempre qualcuno con un'opinione indispensabile. Su di te, su cosa fai, su chi sei. Perché? Perché è facile, no?

Non costa nessuna fatica.

Giudicare gli altri è semplice e non costa nulla. E ciò che non costa nulla, né fatica né denaro, è alla portata di chiunque. Di chiunque, ed è proprio questo che dimentichi.

Tutti possono giudicarti.

E non fai distinzione tra chi parla, non pensi "Quella persona mi conosce, è attendibile" oppure "Quella persona non sa nulla di me", ti basta sentire l'odore di un tuo difetto per arrenderti e dire "Quella persona ha ragione". Ti basta vederle arrivare da lontano per capitolare perché loro hanno sventolato le tue paure, le tue paure sono vere e se qualcun altro le dice ad alta voce allora è una conferma.

Tu fai confermare le tue paure dall'esterno e te le riprendi trasformate in realtà.

Dimentichi che tutto questo non importa: è importante solo il modo in cui gestisci la reazione alle loro parole.

Alle loro opinioni.

Non dai nessun peso al lavoro che fai ogni giorno per stare a galla, per crescere, per essere felice. Permetti agli altri di sabotarti, lasci il campo a due parole di una persona qualsiasi. Basta uno sguardo di *questo* o una mezza frase di *quella* e tutto crolla. Perché?

Perché anche questo è facile, naturalmente.

Ci vuole coraggio e fatica per raggiungere degli obiettivi, anche se oramai sono davanti ai tuoi occhi e basterebbe allungare una mano per raggiungerli. Ci vuole energia per non stare ad ascoltare la paura dentro di te che ripete "Non ce la farai" anche quando oramai ce l'hai fatta. Basterebbe continuare ancora per un po' e invece è sufficiente il primo soffio di vento contrario per spazzarti via e farti rotolare all'indietro, all'inizio del cammino. Quel tanto che basta per trovare una scusa e non continuare più. Arrendersi e dare la colpa alla sfortuna, agli altri, ripetersi "Non sono abbastanza, pazienza" e abbandonare tutto.

Ma tu hai tutte le carte in regola per arrivare dove desideri, tutte. Ci sei nato (o nata).

Puoi decidere di ascoltare le bugie di chi non ti conosce, puoi lasciarti spostare dal vento contrario, oppure puoi fidarti di te e ripeterti:

ho tutto quello che mi serve per essere amato o amata, per avere tutto quanto di bello esista in questa vita e non permetterò a nessuno di metterlo in discussione oggi.

E oggi è **tutti i giorni**.

DEL REALIZZARE L'IMPOSSIBILE

Siamo a metà del nostro viaggio e sono sicura che arrivare fin qui non sia stato facile: avrai provato confusione, entusiasmo, paura e voglia di andare avanti. Tutto allo stesso tempo. Probabilmente avrai pensato di inviare alcune di queste frasi a una persona. Non importa chi, non importa quando e non importa nemmeno da quanto tu sia legato a questo qualcuno che non sappiamo nemmeno bene dove sia e cosa stia facendo ma c'è. Lo fai perché sai che queste parole dicono il vero, che possono aiutarti ma preferisci che siano di conforto prima a qualcun altro. Che siano la chiave per il cambiamento di quella persona ma non del tuo. Non ancora. La verità è che per evitare in ogni modo il cambiamento, l'inconscio difende il proprio sistema (che saresti tu) tenendoti legato mani e piedi alla tua mente e alle cose che credi di volere.

Se fossero davvero le cose che vuoi, saresti libero.

E invece sei in trappola. Perché? Perché la distanza che c'è tra i tuoi veri desideri (felicità, libertà, coraggio, assenza di paura, di ansia, di angoscia) e i desideri della tua sopravvivenza (riconoscimento e costante certificazione dell'io, voglia di essere riconosciuto, curato, apprezzato) sono i chilometri che devi fare a piedi da qui al giorno in cui sarai libero (o libera). Per davvero. Non essere ingiusto, non darti troppe colpe: questo senso di oppressione che ti schiaccia, che ti segue a ogni passo e ogni respiro, appartiene a te e ad altre migliaia di persone che pure (da fuori) ti sembrano perfette, complete, giuste e sorridenti. Cambiare è per tutti la cosa più difficile che esista, eppure la più naturale per adattarsi alla vita. Ci stai lavorando e io non potrei essere più fiera.

AMAMI, PER FAVORE.

Questa è la frase che volendo o non volendo, consciamente o inconsciamente, urlandola o a bassa voce, dicendola o nascondendola, hai ripetuto di più per tutta la vita. E, come hai visto, è un concetto che ci ho tenuto a riprendere più volte: il tuo desiderio di essere amato (e amata). Questa è la più difficile delle frasi che incontrerai in questo libro, è la frase che non deve più nascere spontanea sotto la tua pelle. Il marchio a fuoco che si deve sbiadire, il paroliere che deve cambiare mestiere. Questa frase, se andrà tutto bene, noi non la diremo mai più. Tu la ascolterai solo e soltanto da un cuore: il tuo. Che ti sta guardando, come in *Notting Hill* faceva Julia Roberts con Hugh Grant, e ti sta chiedendo di amarlo. Tu invece, stai buttando il tuo tempo per parlare con qualcun altro. Il tuo sogno, il tuo desiderio, il tuo bisogno, il tuo volere e il tuo progetto. La casa che vuoi, il lavoro che insegui, la laurea, l'esame, la relazione perfetta. Invece di concentrarti su quello che vuoi e averlo chiaro di fronte a te, perfettamente lucido, ogni giorno, sei stato a lamentartene e a parlarne a destra e a manca perché l'approvazione degli altri per te è stata più importante della cosa in sé. Ne hai parlato, ma non ti sei concentrato per realizzarla. Il tuo è stato un meccanismo che ti ha tenuto al sicuro, senza fare niente, senza dover fare niente.

Avrai notato che parlo al passato.

Ti sei esposto al giudizio di chi non può o non vuole aiutarti, ne hai parlato anche con chi non aveva alcun interesse nel vederti raggiungere i tuoi traguardi: ti sei costretto a soffrire nella mancanza di ciò che volevi, nascondendoti dietro le critiche di chi ti ha giudicato o al silenzio di chi ti ha ignorato. Al mancato supporto di chi non ha creduto in te. Di chi non ti ha dato fiducia.

Mi è capitato spesso di ascoltare, non so quante volte, amici parlar male del loro capo, dirne le cose peggiori e aggiungere, candidamente, come se fosse la cosa più normale del mondo, "Ma non è assurdo che affidi i compiti ad altri e non a me? Non è assurdo che preferisca quei leccapiedi a me?". No, non è affatto assurdo che una persona che non ha la tua stima - e non ce l'ha perché invidi la sua posizione - preferisca la compagnia di altri alla tua. E no, non necessariamente gli altri sono dei leccapiedi se sanno far sentire l'altra persona meglio di come sai fare tu, di come ti senti tu.

Lo so, è una ramanzina.

Ma ci sono cose che puoi cambiare: la tua attitudine verso gli obiettivi, tanto per cominciare. Quindi ho parlato al passato perché so che ormai siamo già un pezzo avanti con la consapevolezza del tuo amore per te e ora possiamo agire. **Smettila di lamentarti**, di dire che non fai ciò che dovresti fare solo perché non hai quello che ti serve. Di circondarti di persone che non stimi, che non apprezzi, per i quali ogni gesto è uno sforzo incredibile.

<u>Tu sei tutto quello che ti serve per arrivare dove vuoi.</u>

Vai a prenderti quella relazione, quella benedetta laurea, il master, il lavoro, compra la casa, guadagna di più, afferra la tua vita. Facendo a meno di tutti e concentrandoti solo su di te. Sì.

Non dimenticare mai che tu sei l'opportunità anche di qualcun altro.

Non di tutti, certo, ma di chi può e vuole l'impossibile, esattamente come te. E sarai un faro luminoso per tutti loro, una volta che avrai preso il tuo tempo e le tue energie per arrivare dove vuoi. E non credere che affidarsi a qualcuno sia sbagliato o imbarazzante. Pensa a quando sei stato tu ad essere di supporto, quando un sorriso è dipeso da un tuo gesto o hai asciugato una lacrima, abbracciato qualcuno. La sensazione più bella del mondo, non è vero?

Dare amore, ricevere amore. Essere utili.

Non avere mai paura di ritrovarti *in debito* senza sapere come potrai poi *ripagarlo*. Concedi agli altri la possibilità di amarti. Di aiutarti, di prendersi cura di te. Non sei tu a chiederlo disperatamente, sono loro ad offrirsi, è il momento di accettarli. Non essere Batman, *l'eroe che nessuno vuole ma del quale tutti hanno bisogno*: fai spazio nel tuo cuore.

È compito tuo far sì che gli altri possano amarti.

Oggi dai la possibilità a qualcuno di volerti bene. E se non c'è nessuno, fai una telefonata a qualcuno che vorresti vicino. Scrivi un messaggio alla persona che vorresti al tuo fianco, manda un semplice vocale, fai il primo passo. Qualunque esso sia. Non hai niente da perdere, giuro.

Ti sembra in contraddizione con quanto ti ho detto nel capitolo precedente, vero? Non lo è. Qui non sei tu che *nascondi il tuo desiderio di venire apprezzato* sotto le mentite spoglie di una co-dipendenza. Qui ci sei tu che chiedi deliberatamente una mano, un appoggio, una spalla. E questo passo così sano è il primo verso una relazione autentica. Tutte relazioni autentiche. Questo ti darà la forza per circondarti di persone capaci di vedere il tuo sogno, di credere in te e nelle quali tu credi. Persone che abbiano voglia e forza di realizzare l'impossibile perché come diceva Gleen Hefley: "Ogni giorno qualcuno sta facendo qualcosa che qualcun altro riteneva impossibile".

Ogni giorno, ogni momento. Tu puoi essere una di quelle persone ma devi credere in te e in chi ti è accanto. Devi avere fiducia in chi vuole combattere con te, non trascinarti dietro persone al solo scopo di riempire la tua vita. Non occupare il tuo tempo con persone che ritieni problematiche, in difficoltà, soltanto perché potrai dedicarti a loro senza dover lavorare sui tuoi obiettivi. Non legare alla tua caviglia zavorre al solo scopo di sentirti giustificato se invece di correre cammini: liberatene, inizia a prendere velocità e condividi la strada con chi va o vorrebbe andare nella stessa direzione. Prosegui questo viaggio da solo ma non allontanare gli altri, sii coraggioso. Mettendo in mostra il tuo coraggio lo vedrai tu e lo vedranno gli altri. E nulla sarà impossibile.

Tu sei il tuo supereroe. Tu sei Superman (o Wonder Woman che dir si voglia).

DELLE POSSIBILITÀ

Per un momento, smettila di preoccuparti. Oggi puoi prenderti una pausa e non importa se è un periodo difficile. Se sono anni che non funziona. Anzi, meglio così. Se sei lì che provi e riprovi, e non ricordi neanche più quando hai iniziato, lascia perdere. Fermati. Non ho dubbi che tu abbia fatto del tuo meglio, potrei scommetterci. Lo so che hai comprato tutti gli strumenti, ti sei aggiornato, hai seguito tutti i corsi necessari, hai dato fondo a tutte le energie, mettendo alla prova la tua capacità in mille e più modi diversi. So che l'hai fatto, non disperarti se non funziona. Se ti sei fatto il discorso motivazionale un miliardo di volte, se lo hai ripetuto al tuo riflesso per non so quante mattine, se ti sei detto che te ne saresti andato, se poi ti sei imposto di ritornare, se hai fatto le valigie e le hai disfatte. Quanto tempo hai speso per cercare una soluzione senza trovarla: ti sei avvicinato al problema, poi ti sei allontanato sperando di riuscire a vedere qualcosa che fino ad allora continuava a sfuggirti. Ma senza successo. Hai studiato per anni, ti sei addormentato sullo stesso libro infinite volte, oppure non dormi da anni, hai tentato, provato, sperimentato, hai fatto più di quanto avresti mai immaginato, hai creduto più forte di quanto ti credevi capace. Fermati e sorridi. Sei arrivato. Dove? Davanti alla realtà. La porta che hai di fronte e che cerchi di aprire in tutti i modi non ha la serratura.

Non si apre, non si aprirà mai. Perché?

Perché non è la tua porta.

E non è colpa tua!

Ripeti con me: "Non è colpa mia".

Ci sono cose che vanno al di là del nostro controllo, cose che non fanno parte del nostro destino, cose che non sono fatte per noi. E non dobbiamo sentirne la colpa. Né se quella storia non ha funzionato. Né se quel lavoro non è andato come volevamo. Né se un amico non è stato fedele. Non dobbiamo sentire il peso della colpa.

E sai perché? **Sai cos'è il senso di colpa? Il più efficace guinzaglio del mondo.**

Quel guinzaglio se ne sta attaccato alla porta e tu sei lì che aspetti. Sei lì che aspetti davanti a una porta chiusa. Una porta dietro la quale non c'è un bel niente di niente. Eppure sei ancora lì, sei lì e lo sei stato per troppo tempo. Bene, sono contenta per te perché questo è il tuo ultimo giorno.

Goditelo.

Perché goderselo? Perché ogni volta che si sceglie si sta rinunciando a qualcosa, ti ricordi? Lo dicevamo all'inizio del nostro viaggio che avresti dovuto fare delle rinunce, anche quando la scelta intrapresa è la migliore per se stessi. E tu, oggi, rinunciando al tuo guinzaglio e alla tua porta chiusa stai rinunciando a molto, a tantissimo.

Stai mettendo da parte le abitudini, stai per cambiare il panorama, dovrai ricominciare a inventarti un nuovo modo di vivere perché non starai più davanti *a quella porta che non si apre*. Le tue azioni avranno di nuovo un effetto, ogni tuo gesto una reazione, non sarai più davanti a un muro. Ecco che per ogni cosa alla quale rinuncerai ne guadagnerai un'altra: se hai tanto da perdere, hai anche molto da guadagnare e quel che troverai ti piacerà.

Poco più avanti, qualche metro più in là, c'è la tua porta. Quella con la serratura, per la quale hai addirittura la chiave. La porta per la quale sei fatto, quella a misura dei tuoi sogni. Aprila. Mi troverai dall'altra parte.

Ma chi e cosa sono queste porte?

Spesso la porta che abbiamo davanti rappresenta un obiettivo, magari quello che la nostra famiglia ha disegnato per noi ma che non ci appartiene. Altre volte la porta è una relazione che si è trasformata in ruggine e non ci permette di proseguire nella nostra vita.

Può capitare però che la porta che non si apre sia una persona.

Siamo di fronte a lei e proviamo disagio. Hai mai fatto caso a quella sensazione? Lei è lì che ci racconta di stare male, piange o si dispera e noi proviamo disagio mentre lei mette in mostra tutta la sua rabbia o tristezza. Dentro la testa potrebbe spuntare una vocina. Una vocina che non ti dà tregua finché tu non hai *risolto* il problema. Se è così, se è questo il tuo caso sappi che stai cercando di risolvere ben altro. Stai cercando di *risolvere* quella persona. E facendolo stai cercando di *risolvere* te. Stai compiendo un'azione utile, mi dirai, stai facendo del bene, stai provando ad aiutare qualcuno. Le tue intenzioni sono buone. Se non fosse che lo stai facendo per soddisfare il tuo ego, che non sente ragioni, al punto tale che se l'altra persona - quella che tu non volevi far altro che aiutare - non dovesse prendere atto dei tuoi consigli e non li volesse applicare, saresti tu a sentirti in difficoltà. La cosa ti darebbe fastidio, non capiresti e ti domanderesti: "Ma come? Proprio io che ho fatto tanto per aiutarlo? Proprio io che ho fatto tanto per starle vicino?" Già, ma tanto per chi? Tanto vicino a chi? Il disagio nel quale si trova a dover vivere l'altra persona è per te insopportabile. Quel disagio ti blocca, ti mette in difficoltà e vorresti fare di tutto - e saresti pronta o pronto a tutto - pur di risolvere il problema all'altro. Perché da piccolo ti dicevano di non piangere perché tanto non era successo *niente*, ti dicevano che piangere *non sta bene*, oppure che non bisognava piangere altrimenti gli altri ti avrebbero sentito, che stavi facendo *troppe storie*, che continuando così avresti *fatto piangere anche la mamma*. Come se piangere fosse sbagliato, come se esternare il proprio disagio fosse l'ultima cosa al mondo da fare, non è vero? Ti hanno insegnato a temere le emozioni, a reprimerle, che ci siano emozioni positive che vanno condivise e altre che vanno tenute nascoste, perché antisociali, scomode, ingombranti. Non sei in grado di accettare il disagio, il dolore, la rabbia, la frustrazione e vedendole negli occhi degli altri ti diventano insopportabili, quasi come fossi tu a provarle.

A VOLTE VUOI AIUTARE QUALCUNO SOLO PERCHÉ NON RIESCI AD ACCETTARE IL DOLORE DEGLI ALTRI.

Chi potrebbe biasimarti?

Nessuno ti ha mai detto che tutto questo è sbagliato, nessuno ha mai provato a spiegarti di accettare le emozioni e sei cascato o cascata anche tu in questa rete. Adesso fai parte della schiera di quelli che cercano un modo per *combattere* o addirittura annullare la sofferenza degli altri. Perché, lo abbiamo detto tante volte, per primo, tu annulli la tua.

E allora cerchi di risolvere il problema, qualunque esso sia, il più in fretta possibile. Ma non per altruismo, no. Per scacciare le emozioni che stai provando. Così facendo non le accetterai mai. E invece è importante. Perché? Perché sono le tue emozioni, devi viverle. Perché sono le tue emozioni e quindi sono bellissime.

Le tue emozioni sono bellissime.

E ti aiutano con la strategia.

NON È CHE NON STIA FUNZIONANDO, SEMPLICEMENTE ANCORA NON FUNZIONA.

Quando si tratta di raggiungere i tuoi obiettivi, quante volte hai cambiato strategia? Continui a farlo. A cercare soluzioni diverse, innovative, a stupirti nel paragonare il tuo successo e la tua vita a quella altrui. Metti i tuoi successi e quelli degli altri sulla stessa bilancia e aspetti il responso con ansia. Guardi a ogni cosa che fanno, cercando di capire. Bada bene che *capire* è molto diverso da *credere*. E per te credere è molto più importante di capire: rubare i trucchi, imparare il mestiere, trarre ispirazione dalle esperienze altrui può essere utile, ma mai quanto lo sia credere in quello che fai. Che tu stia procedendo per tentativi o sia seguito da chi fa il mio stesso lavoro - magari è il Mentor dei sogni, il più bravo di tutti - quello che tu stai facendo è sempre giusto al 99% + 1%. Cosa sono queste percentuali? Semplice: al 99% stai facendo la cosa giusta perché ci credi, al 1% perché è la scelta giusta al momento giusto. Perché?

Perché non ci sono scelte giuste, strade migliori.

Esiste soltanto dare il massimo - e quindi ottenere il massimo - dal percorso che stai prendendo. Mostrare la massima dedizione alla propria fatica è la cosa migliore che tu possa fare, quella che la renderà quasi sempre perfetta e giusta. Poi ti basterà un po' di fortuna; Steve Jobs diceva: "Più della metà della strada che separa le persone dal successo è la perseveranza". E lo dico anche io. Abbi fiducia in te, provaci con tutto te stesso, non risparmiarti, la tua strada potrà - e dovrà - cambiare altre mille e una volta, se mille e una volta ti accorgerai di non essere felice. Perché ricorda non esiste nulla di meglio di ciò che ti fa stare bene. Cambiare può essere la soluzione ma soltanto dopo che le hai provate tutte e ci avrai messo tutto l'impegno di cui potevi essere capace. Lo devi a te, è una forma di rispetto verso i tuoi sogni. Ti ricordi come facevi con la porta sbagliata? Ecco, solo che stavolta le tue motivazioni sono reali e la tua perseveranza ti sarà solo d'aiuto. Se invece butti tutto all'aria ogni volta, se ti basta un imprevisto per cambiare idea, se modifichi i tuoi piani una volta alla settimana, se rimetti in discussione ogni scelta più di una volta al mese stai soltanto alimentando le tue paure. Ti arrendi alla fatica, all'ansia, al giudizio altrui e cambi perché non sta andando abbastanza bene, non stai *guadagnando* abbastanza con questo metodo... sai cosa?

Tu in realtà non hai cambiato idea perché eri infelice, non hai rivoluzionato tutto perché sei insoddisfatto, tu provi una nuova strada perché hai paura.

Paura di riuscirci, alle volte, paura di fallire e dover ricominciare, le altre. Allora meglio ricominciare. Così se sei vicino al traguardo puoi ripartire da zero, allontanarti dal tuo obiettivo e rivivere le stesse comode tappe. Se sei vicino al fallimento ne eviterai il dolore, non sperimenterai la frustrazione e potrai andare avanti (magari stagnando) senza scosse. Ma non ti sei messo in gioco, non ti sei affidato a te stesso e alla tua volontà. Hai ceduto alla paura, e *lo sai che faccia ha la paura?* Quella di un parente imbecille, razzista, superficiale e logorroico, di quelli che rovinano le feste a tutti e che, chissà per quale motivo, tutti continuano ad invitare e te lo ritrovi davanti quando dovresti soltanto essere felice. Quel parente stupido che ti porti dietro e che cerca di rovinarti la vita, che ti convince a pensare al successo in termini di giorni invece che di anni. Che ti convince a pensare alla vita in termini di soldi, quando la vita, le emozioni, i risultati, l'amore, ogni cosa che conta davvero hanno bisogno di tempo. Tempo affinché vengano costruiti i presupposti, tempo affinché si creino le condizioni, tempo affinché le cose accadano, si stabilizzino. Invece quel tuo parente ripete cose come: "Quel bambino, alla sua età, se ancora non cammina ha un problema" e tu guardi quel bambino e ci credi, ti preoccupi, magari è tuo figlio e tutto quello che avevi immaginato per lui scompare. Oppure potrebbe dirti "Tua cugina diventerà la più giovane studentessa della sua categoria a vincere quel premio, ha la tua età se non sbaglio" e tu inizierai a contare gli anni che ti mancano alla laurea, a sfogliare i premi che non hai mai avuto, a pensare ai concorsi ai quali non hai mai partecipato. "Come mai non ti frequenti più con quella ragazza, era troppo bella per uno come te, te la sei fatta scappare?" e tu invece di dargli un pugno te ne torni a casa, bevi, ti incazzi e ti disperi per risvegliarti al mattino con un unico pensiero. "Non valgo niente" ti ripeti appena aperti gli occhi.

La paura è quel parente che dovresti evitare, quello che dice cose stupide, false, cattive, quello che lo fa di proposito a metterti in difficoltà.

Quello che stai facendo è giusto, te lo dico io. Il tuo sogno è giusto perché è il tuo. Il tuo obiettivo è quanto di meglio ci possa essere per te. Perché non è vero che non sta funzionando. Semplicemente non funziona ancora, ma funzionerà. Come ogni cosa bellissima. Non dimenticarlo.

NON CREDERE CHE NON SIA IL MOMENTO GIUSTO. IL MOMENTO GIUSTO NON ESISTE. ORA È IL MOMENTO GIUSTO.

DEL SENSO DI COLPA

Abbiamo accennato più volte al *senso di colpa*, ora è arrivato il momento di approfondire l'argomento.

Per farlo mi sono confrontata a lungo con uno dei miei più cari amici, che altro non poteva fare nella vita che lo psicologo e lo psicoterapeuta: il **Dottor Enrico Bellucci**, romano, professionista eccezionale e grande amante dei *Queen*. Molti dei concetti spiegati in questo capitolo li attribuisco alla calma, pazienza e generosità che Enrico ha utilizzato senza riserve per guidarmi nel cammino della comprensione verso il mostro sacro che è proprio **la colpa**.

Queste pagine saranno molto importanti e ti assicuro che ti sentirai molto più leggero, o leggera, una volta giunti al termine.

In tutti i capitoli precedenti il *senso di colpa* è apparso, nel ruolo di complice, nei comportamenti, azioni e pensieri dannosi e pericolosi. Il senso di colpa è il nemico numero uno, è l'ostacolo più grande tra te e la tua felicità. Perché? Il senso di colpa è un'emozione, ma è come la paura, l'amore o la fame? No, quelle sono emozioni istintive che nascono insieme a noi. Già un neonato le sperimenta davanti al volto della madre oppure a quello di un estraneo, quando magari inizia a piangere perché la fame si fa sentire. Il senso di colpa invece appartiene a una seconda categoria di emozioni, quelle indotte dall'esterno: dal contatto con i genitori, con la scuola, con la religione e con la società.

Al senso di colpa, in un certo senso, si viene educati.

Come? In un modo semplice e quasi invisibile.

"Mangia tutto perché ci sono bambini che non hanno niente", "La maestra ha detto che non hai saputo rispondere, è colpa tua", "Tieni d'occhio tuo fratello, se si fa male me la prendo con te", "Non farlo più, sennò papà si arrabbia". Sono frasi più o meno familiari. Perché da bambini ci ripetono che non bisogna fare errori, che dagli errori nascono conseguenze terribili e le conseguenze terribili generano sensi di colpa. Nella tua mente di bambino sono nate associazioni tra ciò che è giusto e ciò che non lo è, schemi logici che ancora oggi porti con te legando l'errore alla punizione, quindi alla sofferenza e al senso di colpa. Un sasso che rotola fino in fondo al mare, è così che ti senti: trascinato lungo un pendio troppo ripido, inghiottito dal mare profondo, precipiti senza poter fare nulla. Come se sbagliare fosse una colpa, una *tua* colpa. Questo è un effetto collaterale pericoloso.

Sbagliare non significa avere una colpa.

Questa frase andrebbe imparata a memoria, a sostituzione di ciò che negli anni abbiamo assimilato soprattutto a scuola dove un errore significava un voto negativo. E questo voto negativo dava il via a una serie di ripercussioni: la maestra delusa, i genitori arrabbiati e sofferenti a causa nostra e via dicendo. Il sasso rotola ancora, non si ferma mai. Invece bisogna fermarlo. Sperimentare una colpa, accorgersi di non aver fatto ciò che si voleva è un sentimento importante. Ci permette di renderci conto delle nostre azioni, è fondamentale per noi ed è stato fondamentale per l'evoluzione umana: la colpa è legata alla morale sociale e all'etica individuale, possiamo immaginare il nostro mondo privo di questi riferimenti? Sarebbe un mondo di sole barbarie e atti disumani. Allora il senso di colpa non nasce come qualcosa di malsano, ma lo diventa. E come? Quando? Nel momento nel quale invece di rappresentare una bussola del nostro comportamento diviene un masso pesantissimo che blocca la strada e ci paralizza.

Ogni gesto, ogni azione, ogni pensiero ti terrorizza. Ti spaventa l'idea di sbagliare, di deludere, di infrangere le aspettative di genitori, amici o te stesso, giudice implacabile. Allora ecco che il senso di colpa è diventato troppo grande, non nasce *dopo* ma vive *prima* di te. Non più successivo ad una tua azione, la precede: prima ancora di fare, già sai che sarà tutta colpa tua, che qualunque cosa dovesse andare storta lo sarà per colpa tua, che ogni errore sarà a causa tua e che ogni critica, giudizio, analisi sarà fatta contro di te.

Facciamo che sia tutta colpa tua.

Va bene, però proviamo a cambiare le parole. Abbiamo già visto come, parlando di *passato* e *futuro*, della coppia, delle opinioni altrui, sostituendo alcune parole la realtà faccia meno paura, diventi più semplice e tutto trovi una quadra. Ti assicuro che faremo lo stesso con il *senso di colpa*. Anzi, non chiamiamolo più così. Diamo alla colpa un altro nome: chiamiamola *responsabilità*.

Ogni cosa è una tua responsabilità, ogni cosa che ti accade.
Ma invece di prendere questo come fosse un treno diretto per la disperazione, puoi pensarla in tutt'altro modo. Non è più una colpa, non è più qualcosa di legato a un errore, non è più qualcosa che vive

fuori di te: vedi, non c'è più nessun sasso che rotola giù dal pendio per poi affondare. Se tutto è una tua responsabilità significa che hai il pieno controllo di ogni cosa. Hai il 100% del controllo e puoi fare, ottenere, raggiungere tutto ciò che vuoi.

Ma come mai non funziona?
Perché non sei affatto in controllo.

Al momento dividi la responsabilità tra te e gli altri, e se sei fortunato te ne attribuisci il 50% ma probabilmente la divisione non sarà per niente equa, difficilmente dividerai le responsabilità a metà. Spesso agli altri lasci una fetta molto più grande del bottino. Lo abbiamo visto, no? Assumere il controllo è tutto ciò di cui hai bisogno, non nel modo malsano di cui parlavamo qualche capitolo fa (quando tu probabilmente eri una persona completamente diversa da ora), nella disperata ricerca di non far accadere l'inaspettato, no. Il controllo come equo senso di responsabilità riferito unicamente alle tue azioni: sapere che tutto dipende da te.

Perché se non sono tue le responsabilità delle tue azioni, lo sai cosa succede?

Inizi a provare rancore, rabbia, gelosia, invidia perché gli altri non hanno fatto, non fanno e non faranno quello che avresti voluto. Tira le redini del cavallo, non lasciare che siano gli altri a trasportarti. Perché gli altri non possono sapere dove vuoi andare, come ci vuoi arrivare e che strada vorresti fare. Perché gli altri, anche se tu non ci credi, fanno sempre del proprio meglio. Ognuno di noi fa del proprio meglio. Sempre. Quello che a te sembra appena sufficiente o addirittura sbagliato è il meglio per qualcun altro.

Sappiamo con quale ferocia giudichi te stesso, il metro è lo stesso che usi per giudicare gli altri. Nessuna clemenza.

Ma si può smettere, anzi devi farlo. Puoi cominciare in qualunque istante a provare finalmente compassione ed empatia, a non invidiare qualcuno che credi essere più bello, più ricco, più famoso, più fortunato di te. Puoi decidere di cambiare il tuo ruolo nella storia e la storia, vedrai, che cambierà.

IL CARNEFICE HA SEMPRE LA COLPA. LA VITTIMA HA SEMPRE RAGIONE.

Il senso di colpa, quando ha preso il controllo di ciò che ci appartiene, ci spinge a reagire cercando di limitare i danni. Ma alle volte diventa una maschera dietro la quale nasconderci assumendo i comodi panni della vittima. Pensaci, quale personaggio più semplice da interpretare? Ti ricordi, ne abbiamo parlato prima.

La vittima, colei o colui che ha sempre il pubblico dalla sua parte, per la quale tutti si attivano cercando di portarla al lieto fine. Un lieto fine che c'è sempre, immersi nella compassione altrui. Per di più senza aver fatto niente, assolutamente niente. La responsabilità diventa progressivamente del prossimo. Eccoci nei panni della vittima ad attendere il destino crudele continuando a ripetere che gli altri sono ingiusti, che non fanno ciò che dovrebbero, che non ci rendono felici, ma allo stesso tempo - almeno agli inizi - siamo circondati da chi farà del suo meglio per noi, ci dedicherà tutto se stesso e tutte le sue energie. Perché crederà in noi, nella nostra sofferenza, penserà che stiamo facendo del nostro meglio e che abbiamo davvero bisogno di un aiuto per rialzarci e continuare. Nessuno si accorgerà che in realtà siamo fermi, da un bel po'. E poi? Poi se la maschera dovesse cadere - e ti assicuro che prima o poi succederà - ci ritroveremo soli. Allora incolpiamo ancora gli altri, irriconoscenti ed egoisti, quando la responsabilità è ancora una volta nostra. Anche non fare niente, abbandonare le redini e sperare che il cavallo conosca la strada, è scegliere. Anche starsene a guardare il sasso che rotola giù è scegliere.

Hai scelto, ma male.

Affidarsi alla paura, al senso di colpa, indossare i panni della vittima non funziona. Mai.

Aver sbagliato non è altro che la certezza di aver tentato.

Sei un essere umano, anche le tue capacità hanno un limite. Ricordi? Non hai il controllo sulle cose, hai solo il controllo di te stesso e quindi la responsabilità delle tue azioni.

Fare il meglio che puoi è il massimo che puoi fare.

Questo vale per te, ma vale anche per gli altri.
Ritrovare l'equilibrio tra responsabilità, controllo e senso di colpa è importante: "Ho ferito il mio amico, mi sento in colpa" non è una frase da demonizzare. Se hai agito rispettando il tuo essere, se hai fatto del tuo meglio, se le tue intenzioni erano buone, se hai tenuto in conto che il tuo amico non era come te, non devi sentirti in colpa. Potrai spiegarti, tendere la tua mano di nuovo, scusarti, ma restando libero dall'angoscia. Il senso di colpa serve soltanto a individuare una

discrepanza tra le nostre intenzioni e l'effetto delle azioni, non per renderci colpevoli e costringerci a fare di *tutto* pur di rimediare.

Ma il senso di colpa non è solo un'emozione che si prova, si può anche insegnare. Fare attenzione a come si esprimono particolari concetti può aiutarci nell'educazione di un figlio, nel confronto con un compagno di vita e può essere anche un modo per verificare quanto siamo vittime noi stessi di questa *perversione* (perché di questo si tratta). Ad esempio cercare di trasmettere un concetto come "Non sprecare il cibo" è sicuramente un gesto lodevole. Non c'è nulla di male nel voler condividere con gli altri uno stile di vita che reputiamo - a ragione o forse no, ma è sempre relativo a noi stessi - giusto e corretto.

"Non sprecare il cibo" è un concetto.
"Non sprecare il cibo perché in Africa i bambini non mangiano" è una stronzata.

Non c'è bisogno di utilizzare un paragone per rendere *più efficace* l'idea, anzi è proprio quest'eccesso di senso che espone il fianco allo sviluppo del senso di colpa. Si sta associando *allo spreco* il senso di colpa *per l'Africa*. A una mente adulta, cresciuta senza l'ossessione della colpa, questa è chiaramente un'associazione che risulta inesistente però in un bambino, in una persona molto sensibile, può innescare un'ansia eccessiva, una paura, un carico di responsabilità inutili. Il bambino, ad esempio, potrebbe pensare che *è colpa sua* se in Africa gli altri bambini non mangiano. Semi di questo genere possono insediarsi nella mente e diventare delle bombe pericolosissime.

Associando azioni *giuste* e contesti *sbagliati* nasce il senso di colpa.

I tuoi genitori non l'hanno fatto apposta, sicuramente anche loro sono stati cresciuti così. Perdonali. Non pagare più le conseguenze di questo *errore educativo*. Il senso di colpa è un polipo dai lunghi tentacoli, un mostro dalle lunghe braccia. Se ne sta dentro di te e contamina ogni cosa, nutrendosi delle tue paure. La prima convinzione che abbiamo rimesso in discussione riguardava il passato, ricordi? Il passato non esiste. Forse ti sarà sembrata una scelta casuale, ma non è così. Il passato è il luogo dove si alimentano le nostre paura e le paure sono il cibo preferito dal senso di colpa. I rimpianti nascono proprio da lì e ci incatenano, ci paralizzano, hanno delle ripercussioni incredibili sul nostro presente, andando a condizionare addirittura le scelte future. Perché è così che funziona: agisco, prendo una decisione, mi accorgo di aver sbagliato e lascio che nasca il rimpianto che altro non è che il senso di colpa con un'altra faccia. Quel che abbiamo detto prima è vero ancora adesso: per abbandonare il senso di colpa dobbiamo ricordarci d'aver fatto del nostro meglio. Sempre. Anche quel giorno di due anni fa quando abbiamo scelto di stare con una persona che oggi ci ha fatto soffrire, anche una settimana fa quando abbiamo deciso di dare fiducia a un amico che ci ha traditi, ogni volta abbiamo scelto al meglio delle nostre capacità. Ricorda che il passato non esiste più e non può essere cambiato.

Devi solo accettare l'idea di aver preso l'unica scelta possibile in quel determinato momento e questo non significa aver sbagliato. E se non hai sbagliato non c'è nessuna colpa da alimentare, giusto?

Perché il senso di colpa è così forte?

Perché è un guinzaglio, è l'arma più potente che abbiamo e la usiamo per tenere a bada noi stessi, quella vocina che ci dice che avremmo potuto fare di più - e che assecondiamo non dando fondo alle nostre energie, ma alzando le spalle e dichiarando di aver già fatto abbastanza - ci aiuta a controllare gli altri, a condizionare le loro scelte, diventa un meccanismo infido con il quale convincere gli altri a fare così e non fare *cosà*, a dire o non dire. Il senso di colpa è la strada più breve, è la corda più stretta che ci lega agli altri. Ma la consapevolezza è un boomerang. Quando impari a leggere non puoi più non farlo, così quando diventi consapevole del senso di colpa che viene usato per tenerti a sé non puoi più non sentirlo. Se ti accorgi di aver legato gli altri a te tramite il senso di colpa, non potrai più farlo. Perché finalmente ti renderai conto che tutto ciò che hai fatto, detto, pensato, costruito grazie al senso di colpa altro non è che un'illusione.

Il senso di colpa ti regala l'illusione di vivere. Soltanto quando lo spezzi comincia la vita per davvero.

Farlo non è cosa da poco, non è un risultato che si ottiene senza sforzo o fatica. Anche il solo parlare e affrontare un argomento come *il senso di colpa* non è cosa da poco, lo so. Riuscire a scardinarlo significa cambiare buona parte dei propri punti di riferimento, andare davvero a smuovere le proprie radici. Può essere difficile, anzi lo sarà. Ma non abbastanza da rinunciarci.

IL SENSO DI COLPA È UN COMPLESSO, LASCIALO FINIRE DI SUONARE.

Abbiamo parlato di cosa sia il senso di colpa, ora ci rimbocchiamo le maniche e cerchiamo di capirlo e di accompagnarlo all'uscita.

Prima ho scelto l'immagine di una corda, che lega te e gli altri. Questo è vero, ma è anche vero che il senso di colpa lega noi stessi con il nostro essere. Allora è anche il più gigantesco cordone ombelicale che esista. Perché un cordone? Perché nutre, ogni momento, senza sosta, giorno e notte.

Di veleno e risentimento e paura ma nutre.

Ed è per questo che è così difficile farne a meno, è una dipendenza, ne siamo assuefatti e crediamo di non poter vivere senza. Ma non è colpa tua se non ti hanno amato abbastanza. Se i tuoi genitori non ti hanno saputo accudire. Non è colpa tua se qualcuno che amavi non c'è più. Se qualcuno ha tradito la tua fiducia. Non è colpa tua se non riesci a salvare tutti. Se quella persona non ti ha dato ascolto. Non è colpa tua se ti fa male il cuore, se mangi perché soffri, se non respiri bene, se cammini storto, se ti hanno preso in giro, ferito o insultato. Se quella persona ha seguito il tuo consiglio e le cose non gli sono andate per il meglio. E tu, con il tuo cuore grande, paghi lo scotto di tutti gli altri e di come le loro scelte siano state cicatrici sulle tue braccia. Lascia andare quello che non dipende e non è mai dipeso da te. *Come puoi sopravvivere con questo peso?*

Lascia andare il senso di colpa con la comodità che si porta dietro: la certezza che qualunque cosa farai non sarai mai felice e non dipenderà mai da te. Il potere delle tue scelte è come quello di Spider-Man (sei un supereroe ricordi?), è grande e ne derivano grandi responsabilità. Devi sognare in grande, devi fare il meglio per te. Tutto quello che ti compete è avere il completo controllo sul tuo presente. E ce l'hai.

Ma il senso di colpa è un complesso no?

Quindi: lo senti ancora suonare? È la cantante che dà voce alle tue paure? Senti come strilla, si agita, alza la voce. Guardala che prova a tirarti a sé, a costringerti nella paura. Lasciala fare. Lascia che, finito il concerto, il complesso di colpa resti senza voce, tu hai di meglio da fare che starlo a sentire.

7 PASSI TI SEPARANO DALLA LIBERTÀ.

Questo capitolo è stato il più lungo fino ad ora perché il più difficile da affrontare. Non ho voluto lasciare inesplorato alcun angolo del grande mostro che è il senso di colpa, per liberarti dai suoi lunghi tentacoli.

Tu ce la farai e io ho fiducia in te. Tornerai a fare del tuo meglio.

L'obiettivo non è così lontano come sembra.

Per questa ragione voglio riepilogare brevemente i 7 passaggi fondamentali che ti separano dalla tua libertà. Vedi? Sono solo sette. Un passo alla volta e via di camminata (come dice sempre la mia amica Annina).

1. Abbiamo imparato a chiamare il senso di colpa con il suo vero nome: *responsabilità.*

Quella che credi sia una colpa si mescola con le tue convinzioni, ma cosa c'è nel passato che ti tormenta? Cos'hai fatto che ti lascia senza respiro? Assumersene la responsabilità è il primo e indispensabile passo: non fermarti, ma agisci. Non lasciare che ci siano colpe ad affondarti, ma responsabilità a spingerti a compiere scelte.

2. Riconsidera te stesso, i tuoi valori, le tue regole e le tue aspettative.

Abbiamo già detto che *aspettarsi* qualcosa significa restare delusi, allora basta con le aspettative, siano queste irraggiungibili e frustranti oppure cariche di ansia da prestazione. Poni degli obiettivi e mettici tutto te stesso per raggiungerli. E se qualcosa non ti piace? Cambialo. E se si tratta di qualcosa che è dentro di te, che fa parte delle tue radici? Cambia anche quello, non è impossibile. **Non siamo esseri sempre uguali.** Se non ci credi più, se ti fa solo stare male, forse non è *più* giusto per te, non è *più* quello che vuoi.

3. Gestisci il tuo disappunto, **controlla la paura che hai del giudizio altrui.**
Il senso di colpa nasce da lì, da quell'insano timore di ricevere un rimprovero, un richiamo, proprio come quando eri bambino. Non devi fare ciò che non ti senti, ricordi? Non devi dire sempre di *sì* soltanto per paura di deludere gli altri: agire in questo modo farà nasce-

re dei sensi di colpa nei confronti di te stesso e non è questo che vuoi. Credere che le persone ci abbandonino perché abbiamo sbagliato è una chimera ed essere terrorizzati dall'eventualità di sbagliare non ci aiuta: prima o poi falliremo, se non oggi sarà domani, e non per questo gli altri ci abbandoneranno. Se dovessero farlo? Una loro scelta, non è colpa tua. L'avrebbero fatto comunque. E tu non puoi credere di non sbagliare mai.

4. Tu sei umano e come tale puoi sbagliare.

Quello di cui devi preoccuparti non è *se* sbaglierai, ma *quando* lo farai e nel frattempo dare il meglio di te, in ogni momento. Perché quando riscontrerai d'aver sbagliato, non avrai nulla da rimproverarti. Sarai in pace con te stesso e anche con gli altri, consapevole di aver dato tutto quello che avevi, di aver scelto al meglio delle tue possibilità e di essere stata la versione migliore di te. Nient'altro. Non siamo macchine e purtroppo potrà capitarci di commettere gli stessi errori nelle stesse situazioni, purtroppo non sempre l'esperienza funziona come dovrebbe. Ma non è una tragedia. Ci basterà rendercene conto e cambiare azioni o modificare le situazioni per ottenere risultati diversi perché facendo sempre la stessa cosa, otterrai sempre lo stesso risultato. Tienilo a mente, mentre ti perdoni.

5. Non c'è niente di tanto difficile al mondo come perdonarsi.
Ma ascolta: è mai possibile tenere sulle proprie spalle per sempre il peso di ogni errore commesso? No, non lo è. E avrebbe senso farlo? Certo che no. La tua urgenza deve essere quella di liberarti dal peso del passato, perdonarti, solo così il senso di colpa si sgonfierà. Come un palloncino, come un'aria dell'opera quando il fiato nei polmoni finisce. Se sei la Callas ci vuole tanto, ma si esauriva anche per lei prima o poi. **Perdonati.**

6. E ricorda che il passato è immutabile.

Per quanto grande possa essere, il senso di colpa non cambierà le cose, perché il passato è il luogo di ciò che è già accaduto. Si può cambiare qualcosa che è già avvenuto? No, allora perché alimentare il senso di colpa? Ripeti a te stesso: *"sentirmi in colpa non cambierà le cose"*. Quindi cosa puoi fare? Andare avanti, è chiaro. Facendo del tuo meglio, sempre, a ogni passo.

NESSUN SENSO DI COLPA SARÀ MAI ABBASTANZA GRANDE DA CAMBIARE IL PASSATO.

7. Manca l'ultimo passo, il più importante.

Un concetto sul quale sto insistendo dall'inizio di questo viaggio:

costruisci la tua felicità accettando di meritarla.
Per combattere la paura, per sconfiggere il senso di colpa, non c'è niente di meglio che alimentare e nutrire se stessi non più con ansie e timori, ma con la consapevolezza di meritarsi il meglio. Perché? Perché stai facendo del tuo meglio, perché sei tu e non potresti essere migliore di come sei. Te lo dico io. Ti meriti ogni successo, meriti di vincere le gare che ti proponi di affrontare, di raggiungere quella laurea, di ottenere quel lavoro, di essere amata dai tuoi figli e genitori, di essere apprezzato dai tuoi dipendenti. Non hai niente che non va, proprio niente.

DELLA PAURA

Sei qui, su questa scogliera e non hai paura dell'altezza. Il sole è alto e la luce è chiara. Il mare sotto di te è morbido e pieno di colori, talmente luminoso e bello che tutto vuoi tranne che restartene fermo (o ferma) dove sei. Senti il precipizio scricchiolare sotto i piedi, allora chiudi gli occhi e apri le braccia. *Respira*. Ritorna indietro con la memoria all'ultima volta in cui ti sei sentito così libero (o libera). Fissa quel punto. Non ti distrarre, guardalo attentamente. Non lo lasciare andare, respiraci dentro. Senti il suo profumo. Ecco, adesso sei pronto. Tuffati!

L'EMOZIONE CHE DURA DI PIU', DURA SOLO 90 SECONDI.

Hai ancora paura di lasciarti andare? Senti che l'altezza è troppa per te? Respira ancora e ascoltami. La paura che provi, se resterai lì immobile, durerà in eterno perché la paura è un'emozione che se non la si lascia andare, se non la si affronta, dura per sempre. Invece lo sai quanto dura in media un'emozione? Qualche ora? Qualche giorno? Niente di tutto questo. Ti stupiresti nello scoprire che difficilmente supera il minuto.

Esatto: **quello che stai provando, è già passato.**

La paura del volo, l'adrenalina del salto, il terrore del vuoto, ogni cosa durerà meno della caduta. Incredibile, vero? Invece è proprio così. **Le emozioni attraversano il corpo tra i 6 e i 90 secondi**: la rabbia è quella che dura di più, che ci influenza più a lungo. Tutto il resto? Solo un attimo e niente di più. Il ticchettio della lancetta ed è già finita. E tu che pensavi che le emozioni durassero ore, giorni, magari anni. Perché è questo che siamo abituati a credere: che saremo innamorati per sempre, che la gratitudine sia eterna, che il dolore non andrà mai via, che quella persona sarà arrabbiata con noi tutta la vita. Invece non è così. Allora, se non sono le emozioni a durare tanto a lungo, cosa c'è dentro di noi? Cosa ci resta appiccicato addosso? Niente. Sei solo tu che credi di essere prigioniero delle tue emozioni, ma adesso sai che hai tutte le carte in regola per liberarti. Pensa ai bambini molto piccoli e a come cambino, in modo estemporaneo, rapido e imprevedibile il proprio umore: passano dalla gioia alla disperazione in un secondo, per poi tornare a gioire dopo un attimo ancora. Non provano delle reali emozioni? No di certo, le loro emozioni sono vere come le tue. Allora perché si comportano così? Perché le emozioni attraversano i loro piccoli corpicini in pochissimi istanti e non ne resta traccia. Vedi? Le emozioni durano un attimo, è solo la memoria, i ricordi e l'esperienza che le amplificano nel tempo. Infatti mano a mano che il bambino cresce terrà il broncio più a lungo, farà i capricci e piangerà spesso perché avrà imparato, ecco l'esperienza che fa il suo gioco, che se piange avrà attenzioni.

Il pianto non si protrae insieme alla sofferenza ma al bisogno.

Ma i bambini sono liberi dalla paura e allora non hanno bisogno di farti sentire in colpa. Non provano rancore. Non hanno bisogno di farti capire che ti amano altrimenti tu non li amerai. *Almeno per un po'*, finché l'educazione non farà il suo corso e gli stessi meccanismi che ti hanno fatto cadere in trappola assedieranno anche loro. Però ricorda che anche tu sei stato quel bambino o quella bambina e da loro puoi imparare moltissimo. Possono aiutarti a ricordare che quando parli del tuo dolore come se fosse lì con te in quel momento, in realtà è già passato. Se provi rabbia, come se fosse nel tuo cuore, e non riesci a fare a meno di sputarla fuori dal petto, in realtà è già finita. Il tuo amore per quella persona, la delusione del suo allontanamento, l'imbarazzo e la vergogna che hai provato perché pensi sia stata colpa tua, non esistono già più da mesi. Non sono più lì con te e non ha senso fare finta che ci siano. Non è circondandoti di emozioni fantasma che troverai la felicità.

Ma se quelle emozioni non esistono, cosa esiste?

Questo.
Questo stesso, unico, solo momento.

E tu, che lo vivi (in questo caso con me). E le cose che ti sono accadute non devono condizionare quello che fai e quello che pensi. Non puoi farti mettere in gabbia, non te lo meriti e non sarebbe giusto. Non devi lasciare alle emozioni il controllo, come abbiamo già deciso che non lo affiderai agli altri. E ora queste frasi hanno molto più senso di quando ne abbiamo parlato all'inizio del libro, vero? Perché anche la più nobile o orribile delle emozioni dura al massimo uno stupido minuto e mezzo. Tutto il resto ce lo stai mettendo per sentire di esistere. Perché pensi che prolungando la rabbia dirai al mondo e a te stesso che ti sei arrabbiato *davvero*. Perché continuando a mostrarti stupito potrai urlare al mondo e allo specchio di essere rimasto sorpreso sul serio. Diluisci gocce di emozioni in litri d'acqua perché dimostrino che tu abbia vissuto, che tu sia vivendo. Che tu esista.

E per esistere a volte si vuole semplicemente soffrire.

Ma dura solo un istante, non c'è niente di cui avere paura. E tu perché vuoi pagarne il prezzo per tutta la vita?

Vuoi avere paura per sempre?

Mentre la disperazione ti avvolge ricordati di una cosa: soffrire, per te, è comunque più facile da accettare che avere paura. Stai bloccando te stesso, stai limitando le tue possibilità, stai chiudendo fuori dalla finestra la possibilità di essere felice. Tutto quello che stai facendo per mettere in discussione te stessa/o, le tue scelte, la persona che hai accanto o che scegli di non avere accanto, i tuoi genitori, il tuo lavoro, insomma tutto, si basa sulla paura. La paura di perdere. La paura di una pubblica umiliazione. La paura di sbagliare, fallire, deludere. La paura di non essere abbastanza per qualcuno o per nessuno. La paura di qualcosa che non esiste e non esisterà mai ti tiene fermo in un punto del tempo nel quale niente di male è ancora accaduto. Ricordi? Il futuro non esiste, è solo una fantasia. Una fantasia potente che ti spaventa. E cosa ti fa fare questa paura? Ti fa scappare o restare fermo, ti spinge indietro o ti paralizza. Ti spezza il respiro, ti tira la pancia alla bocca dello stomaco, ti torce il collo e ti toglie il sonno. Non esiste nient'altro che quella paura, un'unica nera emozione che travolge tutto il resto: non ci sei più, c'è solo la paura al tuo posto. Che non ti fa andare avanti di mezzo centimetro, avanti verso qualcosa che vuoi e che pensi di non meritare affatto. Perché le paure si sono trasformate in certezze: non sei abbastanza, non vali abbastanza, non sono più dubbi ma certezze. E chi le ha certificate se non la paura stessa? Ma tu ti nascondi perché non vuoi soffrire e ti racconti che non era il lavoro giusto, l'occasione giusta, l'uomo o la donna giusta per te. Che non era il momento, che poi l'occasione arriverà. Ti racconti che sei impegnata/o, troppo lavoro, troppa sfortuna, troppe difficoltà da superare e ti dici che

"Perché proprio io ce la dovrei fare?"

Perché sei proprio tu che ce la farai, perché questa paura la si può combattere ed è il segno che sei già in grado di arrivare dove vuoi.

Hai solo un enorme freno a mano tirato.

Chi non ce la farà non è chi è paralizzato dal terrore, ma chi nemmeno avverte di avere paura. Se sai di essere terrorizzato, se lo ammetti a te stesso, sei già un passo avanti. Se non ti nasconderai più potrai di nuovo afferrare la vita. L'abbiamo visto, l'emozione dura pochi istanti e invece tu vivrai molto più a lungo di così. Hai tutta una vita davanti, la tua nuova vita, una seconda parte: quella che comincia ora e che comincia con un passo solo, verso tutto quello che vuoi.

Qualunque cosa sia, fai il primo passo. Fallo con me.

Non sostituire la paura con l'indifferenza o con l'apatia o con l'arrendersi. Non sarà la stanchezza a vincerti. Non sarà un'altra scusa, un'altra coperta tirata fino sopra la testa per nasconderti. Vivi questa paura per quella che è, permettiti di provarla. Poi passa, giuro.

Fidati di me, ancora una volta.

Ricorda che soffrire pur di non ammettere di aver paura non è coraggio, ma una scorciatoia. Non dimostri attaccamento alla vita, non stai lottando per la tua felicità se ti racconti bugie. Non ti arrendere, è dura lo so ma non sei solo, non sei sola. E l'amore che meriti è infinito; la gioia che meriti nella vita, nelle relazioni, nel lavoro, è infinita.

Così come sono infiniti il tuo cuore e la tua capacità d'amare.

Respira e comincia a camminare. Io sono qui con te, ti accompagnerò sempre.

Mio nonno, Maresciallo dell'Aria, durante la seconda guerra mondiale, diceva a sua figlia, mia madre. "Quando hai paura, pensa a tuo padre. Tuo padre che al tramonto nonostante tutto, puntava verso l'orizzonte e atterrava."

DELLA TEMPESTA CHE VERRÀ

Ci sono dei periodi nei quali fai fatica persino a pensare. C'è un rumore sordo nella testa. Un borbottio continuo. Senti l'acqua arrivarti alle caviglie, poi raggiungere la vita e infine bagnarti le spalle. Pensare ad altro che non sia l'acqua che continua a salire è impossibile. Gli altri parlano, ma tu non li ascolti. Gli altri domandano, ma tu non rispondi. Le cose accadono, ma tu non ci sei. Non sei qui con loro, non sei qui con te. Sei solo con l'acqua alla gola. Non riesci neppure a concentrarti perché fai fatica a respirare. Annaspi. Poi senti un nuovo rumore, da qualche altra parte, che risuona nel corpo e rimbalza dentro di te. Non sai da dove arrivi, non sai cosa sia, ma hai l'impressione che qualcosa dentro di te abbia ceduto. Senti che qualcosa si è rotto e non hai né colla, né mani, né amore per rimetterlo insieme. Guardi dentro di te e vedi quella frattura, quello spiraglio sottile nel quale si infilano dubbi, insicurezze, sofferenza. Provi a tenere insieme le estremità, ma un'altra piccola ferita si apre, qualcos'altro si spezza e cede. Vedi l'impalcatura scricchiolare e perdere pezzi, ma non puoi farci nulla. Non sai neppure da dove iniziare. Ed è così che le cose succedono, non ti arrendere al dispiacere o alla frustrazione. Non ti arrendere perché il passato non ti definisce in alcun modo, nemmeno la persona che eri 10 minuti fa ti definisce più. Non ti definiscono più gli errori, gli sbagli, le incomprensioni, la sofferenza. Quelle ferite che si aprono, quelle parti di te che si spezzano e crollano, devono cadere. Lasciale fare, anche se non è facile restare al proprio posto quando tutto sembra andare male.

È qui che devi stare.

Anche se fa male, da qui devi passare. Da questo sentimento di sconfitta, dall'impressione di star per affogare in mezzo a un mare di "Non ce la farò mai", "È tutto troppo difficile" e "Non ne ho la forza". Non pensare di essere stato sfortunato, di aver imboccato la strada sbagliata, che quel fuoco infernale ti travolgerà. Se fuori le fiamme bruciano e ogni cosa è persa, pensa che avrai finalmente una visuale libera guardando dalle tue finestre. Proprio quello di cui avevi bisogno. Perché ciò che ti succede ha molto più a che fare con quello che vuoi di quanto tu creda. Devi darti fiducia.

Molta più di quanta te ne stia dando.

Perché qui ci sei arrivata (o arrivato) senza nessuno, con le tue gambe, con i tuoi pensieri, con il tuo coraggio. Qualunque cosa tu stia affrontando se senti che stia andando in pezzi è perché tu hai bisogno di andare in pezzi. E ricominciare. Abbi pazienza, non è per sempre. Nulla è per sempre in questo mondo.

E anche se questo ti sembra l'inferno, tu sei a pezzi in miliardi di gocce d'acqua, tu sei tempesta.

Puoi spegnere il fuoco e far nascere la vita. Come una fenice. Il fuoco brucia, ma tu non sei legna da ardere, sei scintilla, sei padrone delle fiamme, tu sei le fiamme. Come una fenice che rinasce dalle proprie ceneri, tu rinascerai. Più forte. Più bello o bella, così.

TI DIRANNO CHE NON SUPERERAI LA TEMPESTA MA NON TI IMPORTERÀ, LORO NON SANNO CHE TU SEI LA TEMPESTA.

Non dare ascolto a chi non avrà fiducia in te, a tutti quelli che non faranno altro che gridare "Al fuoco, al fuoco!", tutti quelli che ti diranno di scappare. Che non ce la puoi fare a superare questo momento, quest'evento, questa cosa. Hai messo da parte i tuoi sogni e i tuoi obiettivi così tante volte che ormai non sai più nemmeno quali siano, nemmeno chi sia tu. Hai dimenticato la cosa più importante di tutte, la tua sola verità, quella che dovresti custodire come il dono più prezioso al mondo. E non solo perché qualcuno non credesse in te ma perché tu, in primis, non hai fatto altro che accampare scuse. Sei tu che hai smesso di credere in te, hai visto le fiamme e hai avuto paura. Hai sentito lo scoppio della tempesta e sei corso subito a chiudere le finestre. Hai aperto la porta di casa a chiunque, hai chiesto aiuto a ogni persona possibile e accettato persino i consigli degli sconosciuti piuttosto che ascoltare quello che tu avevi da dire sui tuoi stessi pensieri. Come può la fenice rinascere se ha paura della propria cenere? Se lascia agli altri la libertà di buttarla via perché è semplice polvere?

Te la immagini una fenice che non ha fiducia in se stessa?
Che muore dicendo "Oh speriamo che anche questa volta vada a finire bene…"?

Ci hai provato, lo so, ma poi hai alzato le braccia arrendendoti dietro un rifiuto o una manciata di *no, grazie*. E questo è stato quanto.

Ripeti con me:

quante volte ancora ho intenzione di rinunciare alla mia vita?
Nessuna più.
Quante volte ancora ho intenzione di arrendermi prima di cominciare?
Nessuna più
Quante volte ancora voglio convincermi di star facendo abbastanza quando invece non sto facendo niente?
Nessuna più.

La tua unica, unica, preoccupazione è essere felice.

Successo significa felicità. E per riuscire devi tentare, devi sbagliare, devi fallire. Nessun uomo ha mai vissuto senza sbagliare, nessun uomo ha attraversato questo mondo senza aver collezionato almeno un paio di cose di cui vergognarsi.

L'unica persona al mondo che non sbaglia mai è quella che non ha mai provato diceva qualcuno.

E se nell'ultima ora, nell'ultimo giorno, nell'ultima settimana, non hai fatto niente che andasse in quella direzione be', tu, amica o amico mio, stai buttando la tua vita. Letteralmente. Sacrificandola sull'altare della generosità o su quello della timidezza o su quello dell'insicurezza, stai gettando la tua vita in pasto alla paura, la stai barattando per un po' di tranquillità, per qualche pensiero in meno, per un po' di sicurezza. Ma quanto tempo dura questa stabilità? Un attimo, alla prossima scossa, alla prossima folata di vento avrai ancor più paura. E sarai sempre più infelice e povero. Ogni compromesso sarà più difficile, logorante. Finché non avrai più nulla da sacrificare. Allora cosa farai? Troverai la forza di ripartire o resterai incollato al tuo posto? Perché ti assicuro che avrai altri infiniti giorni e possibilità di riuscire se soltanto ci proverai di nuovo ma non avrai nessuna possibilità se deciderai di restare dove sei. Soltanto chi compra il biglietto ha la possibilità di vincere la lotteria e non ha senso maledire la buona fortuna del vincitore se non si è fatto altro che assistere senza partecipare.

Non restare a guardare
Non più.
Riparti, subito, adesso.
Con tutto quello che hai.

E se qualcuno, o tu, dice che non sei abbastanza, rispondi che **non solo sei abbastanza, ma che sei tutto.**

E hai la caparbietà per arrivare. Ovunque tu voglia.

Nonostante tutto. Grazie a tutto.

FIDATI DEL TUO CUORE SOLTANTO.

Per ora mi hai seguito fin qui ma so che arriverà un momento nel quale ti faranno male le gambe, se non è già arrivato. Quel momento in cui penserai "tutto bello, ma non ce la faccio". E vorrai mollare

Arriverà il momento in cui, proprio nel bel mezzo della fatica e della salita, quando ci starai mettendo tutto l'impegno del mondo per riprendere in mano la tua vita, qualcuno ti dirà "Sei fatto così, hai fatto in quel modo perché..." e tu ti ritroverai a pensare che *non è vero*. Ti ritroverai a guardare tutta la strada percorsa e bestemmierai contro quello che ti stanno dicendo: *"Tutta questa fatica per non essere capiti?"*.

Ecco, probabilmente penserai di star sbagliando qualcosa oppure ti riempirai di scuse e di alibi, dirai che non devi più dimostrare niente a nessuno. Che va bene così. Ma la fatica sarà subdola e quelle frasi invece di spingerti a continuare, a fare un ultimo sforzo, ti faranno fermare. Arriverà un momento nel quale la ragione, l'impegno e la fatica lasceranno il posto alla paura, di nuovo. E lascerai di nuovo a lei le redini delle tue decisioni.

Di nuovo, ancora.

Non importa se ci sei già cascato o se è la prima volta che tiri i remi in barca, non importa. La paura non fa sconti. Prende il comando della tua nave e tu finisci dritto in mare, su una zattera malandata e senza rum. A quel punto inizi a navigare senza seguire più la rotta, senza ascoltare con attenzione ciò che vuoi, senza fare i conti con i tuoi desideri reali, con le tue possibilità di essere felice.

E sarà solo una questione di merito: quello che non ti darai.

Sei il capitano della nave, non un semplice marinaio né tanto meno un passeggero qualunque che si è trovato a bordo senza sapere neanche il perché. Non sei lo spettatore della partita, sei il giocatore, la stella della squadra. Riprendi il tuo posto. Non stai camminando su una lastra di ghiaccio, non più, in un punto del tempo che non è più questo forse, ma non oggi. Ti sei fermato nel passato o ti sei incastrato nelle previsioni del futuro. Ma non adesso.

Tu in quel punto non ci sei più.

Sei lì soltanto perché non stai lasciando parlare il tuo cuore. L'unico che dovrebbe sempre avere tempo e spazio per esprimersi, l'unico al quale dovresti dare sempre attenzione.

L'unico di cui fidarti.

E io parlo con la sua voce.

Non c'è paura qui, non c'è dolore, né giudizio. Prendi tutte le parole e falle passare attraverso di lui, concentrati sul battito del tuo cuore e portagli il tuo respiro.

Lasciati guidare e fidati.
Non c'è nessuno che ti conosca meglio di lui. Nessuno che ti conosca meglio di te stesso (o te stessa).

Allora quando verrà il momento della fatica e dello sconforto saprai che quel momento è l'unico che conta davvero, né quello prima né quello dopo, e continuerai il viaggio.

Ancora, sempre, accanto al tuo cuore, sulle tue gambe.

COMINCIA, POTREBBE ANDARE DA PAURA

Siamo arrivati quasi alla fine del nostro viaggio insieme, ma ho ancora qualche cosa da dirti.

In queste pagine ti ho ripetuto più volte che ritrovare la propria libertà, sganciarsi da tutte le paure e costrizioni, è l'unica strada per la felicità. Ma questa felicità cos'è se non essere se stessi? Lo so, non è la prima volta che ti ritrovi ad ascoltare riflessioni simili, ma concedimi ancora qualche minuto del tuo tempo. Forse ti sarai trovata (o trovato) a sorridere leggendo queste pagine, ti sarai intristito riconoscendo i tuoi comportamenti, avrai annuito, avrai pensato "È vero", ti sarai detto "dovrei fare così", però la paura potrebbe essere ancora più grande di te.

Seguimi allora, andiamo a darle un calcio ben assestato ogni volta che ci dovesse servire.

DELL'IMPORTANZA DEL RESPIRO

Queste sono le ultime pagine insieme, e salutarti mi fa male, ormai.

Allora voglio che tu non stia male come me.

Guardati le spalle: secondo me sono alte e rigide, bloccate.
Quando respiri, poco, perché tu ti concedi un soffio d'aria e niente più, le spalle ti si alzano e si abbassano.

Su e giù.

Se ti concentri per qualche secondo potresti scoprire quanto questo movimento sia doloroso. Tutto nasce da quel costante irrigidimento delle spalle, da quell'addome che non si gonfia.

Guardalo, sposta l'attenzione sul tuo ombelico, cosa vedi? Non si muove, non segue il naturale ritmo della respirazione?

Ma è chiaro, perché tu non respiri.

E probabilmente ti ritrovi a tirare la pancia verso l'interno, quasi a vergognarti. Anzi, ti vergogni.

Quante cose orrende abbiamo scoperto soltanto guardando a questo gesto così naturale come è il respirare. Quanto male fai a te stesso (o stessa) e quali cattivi pensieri coltivi su di te. Li abbiamo ritrovati in un gesto che dovrebbe essere il più bello, calmante e delicato del mondo, altrettanto potente e rigenerante: respirare. Ma tu non respiri.

Non respiri perché cammini sulle punte, per non disturbare, per non farti notare, per passare inosservato e nascondere al mondo e agli altri la tua presenza. E non puoi urlare, anche se vorresti farlo, perché non c'è abbastanza aria dentro i tuoi polmoni e troppa ce ne vorrebbe: tu non ne hai, non ne hai mai avuta. Perché ti hanno insegnato a tenere la pancia indentro. Chi? Tutti i tuoi spettatori segreti che ti guardano, ti osservano e ti giudicano. Chi sono? Il primo sei tu, proprio tu.

Ma devi respirare. Devi respirare.

Perché se non cominci da quello arriverai di nuovo a stasera con un corpo dolorante e una mente distrutta dalla fatica. Con un corpo e una mente logora non c'è niente che si possa fare e invece c'è qualcosa di stupendo da recuperare. C'è qualcosa di bellissimo in te che in queste pagine siamo andati a prenderci. Ci sono le tue scelte uniche, i tuoi pensieri perfetti, ci sei tu, su ogni persona possibile nel mondo: e di te ce n'è una sola copia.

Unica, inimitabile, irripetibile.

Capisci quanto questo sia importante? E se non lo è per gli altri, poco importa. Deve esserlo per te. Perché è da lì che inizia, dal tuo affetto, dal tuo amore, dalla tua considerazione. Solo questo è in tuo potere, solo questa la tua responsabilità. Poi il resto andrà al suo posto, fidati.

E adesso chiudi gli occhi.

Fai un respiro profondo, spingi l'aria dentro di te e se senti che fa male, insisti. Quello è il momento di continuare. Quella che fa male è l'aria che entra in angoli dei tuoi polmoni dove l'ossigeno mancava da anni.

Ora puoi buttare fuori.

Ricomincia.

Tre respiri, comincia da tre respiri.

Sono un buon inizio, non devi pretendere troppo dal tuo corpo. L'hai trascurato a lungo e adesso devi prendertene cura. Tre è un numero più che sufficiente, un numero quasi magico, non credi? Al resto ci arriverai, ma intanto sappi che hai già cambiato la tua giornata. E per cambiare la tua esistenza non dovrai fare altro che ripeterti. Perché cos'è la tua intera vita se non l'insieme dei tuoi giorni?
Inizia, tre respiri alla volta. Un giorno alla volta.

RESPIRA.

Se tutto è andato come doveva andare, questo libro ti ha condotto dinanzi a diversi sentimenti e sensazioni: consapevolezza, esaltazione, commozione, riscoperta, ad esclamare "ma è proprio vero!".
Ma concedimi ancora qualche pagina. Qualche pagina ancora prima di concludere. Hai notato che la maggior parte delle cose sono tutte alla tua portata? Anzi, sono già dentro di te. Sono certa che tu le abbia trovate, dovrai solo tirarle fuori.

Perché, ricorda, è dal tuo giorno 0 che sei già in possesso di tutto quanto ti occorra per ottenere ciò che vuoi ed essere la persona che desideri. Si nasconde tutto da qualche parte lì dentro.

Non hai bisogno di cambiare niente di te, niente.
Non hai bisogno di adattarti ad alcuna situazione che ti faccia star male.
Non hai bisogno di assecondare nessuno per sentirti amato o amata.

Per arrivare non hai bisogno di giungere da nessuna parte, ma soltanto accogliere questa verità dentro di te.

Devi partire da ciò che ti tiene in vita.

Spogliarti di ogni cosa che non sia ciò che *davvero* ti tiene in vita, ciò che è indispensabile per te. Respira. Sembra semplice e scontato eppure non lo è. Non respiravi e invece devi. Devi ritornare a respirare, ma con consapevolezza. Devi respirare perché è l'azione che compi tutto il giorno, tutti i giorni, da quando sei al mondo. La prima cosa che hai fatto venendo al mondo. Urlando, magari.

Il respiro, il tuo respiro è con te da sempre.
Ti conosce da sempre.

Si è spezzato insieme al tuo cuore mentre ti lasciavano, ha urlato di gioia insieme a te, ha riparato ferite, cucito pezzi, scaldato mani, ha soffiato tutte le tue candeline, ha sospirato parole d'amore, di supplica, di speranza, si è poggiato su tutte le labbra insieme a te, sulla pelle, sulle mani. Era lì con te in ogni momento, era ed è la tua vita. Il tuo respiro, che tu dimentichi sempre, è con te. È con te da sempre e ti tiene in vita.

Esercitiamoci ancora una volta.

Chiudi gli occhi (dopo aver finito di leggere, altrimenti diventa complicato), concentrati sulle tue spalle, sono alte, sono rigide, lasciale andare. Devi rilassarti. Cerca il tuo respiro, osserva il punto in cui riempie la cassa toracica, il centro della piramide e concentrati su quel punto. L'hai trovato? Bene, adesso prendine il controllo.

Inspira.
Spingi quel punto in fuori, riempiti d'aria, fin negli angoli più remoti del tuo corpo.
Attendi e conta lentamente.
Lascia che il respiro sedimenti dentro di te, lascia che l'ossigeno si guardi attorno.
Espira.

Le spalle si abbassano, il respiro si fa più profondo.

Apri gli occhi. Sei qui. Sei tu. Esiste una sola unica persona in tutto il mondo come te e quella persona sei tu. Non puoi permetterti di dimenticarlo. Non puoi permettere a nessuno di distruggerla. Non puoi permettere a niente di annullarla. Sei tu, sei la cosa più preziosa del mondo. Continua a respirare, ad ogni momento. Non lasciare che la vita ti travolga e ti faccia perdere il controllo. Tu devi respirare. *Inspira.* Senti di nuovo l'aria dentro di te. Attendi. *Espira.* Liberati da ogni peso. E quando tutto ti sembrerà sfuggire, quando tutto apparirà ai tuoi occhi come troppo grande, troppo forte, troppo pesante, **tu fermati e respira.**

Guarda alle cose per quello che sono: *cose*. E tu? Invece tu sei la persona più forte e importante del mondo.

Perché sei qui e sei in vita e sei tu.

E se continuerai ad osservarti vivere, nel miracolo perfetto che sei, non sarai mai più infelice un solo giorno, gettando via ogni angoscia con l'aria che butti fuori e inspirando ogni possibile opportunità che esista nel mondo.

TU SEI IL TUO REGALO.

Ecco, il nostro viaggio insieme è davvero giunto al termine. Scriverti è stato bello, spero di averti trasmesso quello che sento e che queste parole siano un punto di riferimento. Quel bastone quando penserai d'aver perso di nuovo la rotta. Sei stato coraggioso nel decidere di affrontarti, sei stata coraggiosa se non hai continuato a nasconderti. Io sono fiera di te, davvero.

Non posso non ringraziarti. Allora grazie. Grazie, per essere arrivato o arrivata fino a qui. Grazie per avermi letto e esserti lasciato o lasciata accompagnare. Sarò sempre qui, al tuo fianco se avrai bisogno.
Non sarai più solo, non sarai più sola.

Grazie, davvero.

Tua,
Bea

DEL RINGRAZIARE

I miei ringraziamenti personali sono per la mia mamma e il mio papà che non hanno smesso mai di cambiare per me, per il mio amore Francesco, che non ha mai smesso di guardarmi negli occhi e dirmi che sono bella e che sia fiero di me, anche quando non me lo merito.

Per il Dottor Enrico Bellucci che mi ha aiutato a capire il senso di colpa, per il mio psicoanalista (che per fortuna sua non è lui) che mi ha salvato.

Per i miei maestri: Bianca Pitzorno, J.K. Rowling, Italo Calvino e *Prisca*, *Elisa* e *Marcovaldo* (oltre a tutti gli altri personaggi), Daniel Pennac, Alessandro Baricco, Giulio Cavalli, Grazia Oggiano, Stefano Benni (che mi porta al bar con i suoi amici che ora sono diventati anche i miei) e per le persone che credono in me da sempre o per sempre: Paolo Micanti, Annina Oldini, Federica Micoli, Cristina Fogazzi, Valentina Mavela, Michele Ciambellini, Sara Abbate e Emanuele Calcagno.

A tutti coloro che mi leggono e mi ascoltano devo tutto, la fortuna di essere vista e sentita.
Grazie

Printed in Great Britain
by Amazon